幼儿教师口语

第 2 版

主　编　张海钰　李　洋

编　委　（不分先后）

周媛媛　艾素英　白　雪

白　洁　段玉婷　薛　磊

毕高超

北京理工大学出版社

BEIJING INSTITUTE OF TECHNOLOGY PRESS

图书在版编目（CIP）数据

幼儿教师口语 / 张海钰，李洋主编 . -- 2 版 . -- 北京：北京理工大学出版社，2022.2

ISBN 978-7-5763-1057-3

Ⅰ . ①幼… Ⅱ . ①张… ②李… Ⅲ . ①幼教人员—汉语—口语 Ⅳ . ① H193.2

中国版本图书馆 CIP 数据核字 (2022) 第 030683 号

出版发行 / 北京理工大学出版社有限责任公司

社　　　址 / 北京市海淀区中关村南大街 5 号

邮　　　编 / 100081

电　　　话 /（010）68914775（总编室）

　　　　　　（010）82562903（教材售后服务热线）

　　　　　　（010）68944723（其他图书服务热线）

网　　　址 / http : //www.bitpress.com.cn

经　　　销 / 全国各地新华书店

印　　　刷 / 定州市新华印刷有限公司

开　　　本 / 889 毫米 × 1194 毫米　1/16

印　　　张 / 12

字　　　数 / 258 千字

版　　　次 / 2022 年 2 月第 2 版　2022 年 2 月第 1 次印刷

定　　　价 / 75.00 元

责任编辑 / 张荣君

文案编辑 / 时京京

责任校对 / 刘亚男

责任印制 / 边心超

前　言

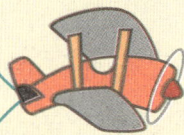

作为幼儿教师，如果拥有了出色的口才，就已经为孩子们稚嫩的心灵打开了一面朝向阳光的窗子；作为幼儿教师，也唯有充分发挥语言的魅力，才能使天真无邪、纯真可爱的孩子们伴着幼儿教师的语言健康快乐地成长，才能让家长对幼儿教师充满信心。唯此，我国的教育才能有光明的未来。

一、编写目的

随着时代的发展，幼儿教育越来越受到社会的重视。幼儿教师的口语表达能力对正处于智力、知识开发和启蒙阶段的幼儿来讲具有较大的影响。因此，口语训练作为幼儿教师教育的一项重要内容，需要高度重视；但是，就目前来说，重视程度还不够。很多教学计划将口语归于语文课当中，没有独立的教材；有些教材口语针对性不强，对幼师教育的内容涉及较少，缺少实用性；还有些教材内容相当滞后。针对这些问题，笔者编写了此书，目的在于为未来的幼儿教师提供一个更广阔的学习平台和更多实用技巧。

二、编写思路

根据幼儿教师的职业特点，紧密联系幼儿教师教育和教学实际，本教材从幼儿教师的语言规律出发，较为全面地介绍普通话发音、朗诵、演讲等幼儿教师口才基础训练，日常交际口才，幼儿故事编讲，与幼儿的语言沟通，与家长的语言沟通，与同事、领导的沟通交流，共6个单元。本书通过体验分享、案例导入、教育策略、强化训练和拓展延伸等环节，层层深入地引导学生提高口语表达能力，力求做到理论与实践相结合、讲解和训练相结合，为完成日后幼儿园的各项教育教学工作打下基础。

三、本书特色

（1）**突出幼教特色**。本教材结合幼儿园的教育教学实际，由幼儿教师口才基础、日常交际口才和职业口语三大模块构成，贯穿语言修养、思维能力、心理素质等训练。三大模块中，幼儿教师口才基础包括普通话、朗诵、演讲等；日常交际口才包括交谈、赞美、批评、介绍等，融合职业特色，是幼儿教师口语能力的继续和深化；职业口语包括教学，教育，与家长、同事等的交际口语，是幼儿教师口语能力的提高和升华，是未来职业必备的技能。

（2）**运用前沿理论**。在基础理论和基本知识的传授方面，坚持以应用语言学、现代汉语知识、国家语言文字政策为基础，吸收国内外语言学、学前教育学、心理学等前沿性研究成果，力求在教育理念、教材内容方面有所创新。

（3）**重视立德树人**。幼儿教师的职业口语素养直接关系到学前教育的质量和幼儿的发展。发展高质量的学前教育，需要一支有文化、有情怀、有能力的专业化幼儿教师队伍。因此，本书注重加强师德师风教育，构筑"课程思政"的立交桥，深入挖掘并巧妙融入科学的儿童观、教师观、教育观的基本职业理念，以及爱国情怀、人际交往能力、遵纪守法、创新意识等隐性思政内容，将价值塑造、知识传授和能力培养融为一体，实现"三全"育人。

（4）**支持自主探究**。本教材支持学生自主学习，以建构主义为理论基础，以学生的旧经验为出发点，逐渐融入新经验的学习，从"体验分享、案例导入"逐渐过渡到"教育策略"，最后是"强化训练和拓展延伸"。这样从感性认识到理论策略再到实践训练，层层深入，同时避免"纸上谈兵"的空泛，有效地提高教学效果。此外，本教材融入了很多信息化资源，为自主学习提供了支持环境。

（5）**生动实用性**。本教材内容丰富、生动，说理结合案例，习题结合情境，尽量避免从理论到理论的说教，将理论讲解与实践训练紧密结合，突出实用性和可操作性，有助于提高学生的口语运用能力。

最后，本教材还得到了保定市各大幼儿园的大力支持和指导，在此特别感谢河北省青年路幼儿园、河北大学幼儿园、保定市小牛津幼儿园、保定市春之声幼儿园、保定市大风车幼儿园等单位。感谢这些幼儿园幼儿教师给予教材的细心批改，她们那严谨细致、一丝不苟的作风一直是我们工作、学习的榜样，她们不拘一格的思路给予我们无尽的启迪。

本教材可供幼儿教师专业学生使用，也可作为在职幼儿教师培训用书。随着课改的呼声日益高涨，希望有更多的人参与到幼儿教育教学的改革中来，同时也希望有更多的幼儿教师教材问世，使幼儿教师教育的教材体系呈现多样化的特点，为幼师教育改革与发展、为中国幼儿教师事业走向繁荣增光添彩。

编　者

目录 Contents

单元一　幼儿教师口才基础训练

　　"口才"，即说话的才能，也就是指一个人运用口语传达信息、表达情感的能力。在当今这个竞争十分激烈的社会，口才对每个人都显得越来越重要，正如著名演讲家、教育家卡耐基所说："一个人的成功百分之十五取决于他的专业知识，百分之八十五取决于他的口才和人际交往能力。"口才对于教师尤为重要，如枪之于军人，农具之于农民，悦耳的嗓音之于歌唱家。有数据显示，一个人的语言习惯与语言能力的形成主要是从幼儿到少年期，幼儿教师的语言和口才则会直接影响幼儿对语言的学习，这就要求幼儿教师必须具备扎实的口才基础功底。本单元将从幼师口才基础——普通话、师德素养、心理素养、教学口语素养、朗诵和演讲等方面入手，对幼儿教师口才进行讲解和训练。

第一节　怎样才能说好普通话

　　普通话，是以北京语音为标准音，以北方话为基础方言，以典范的现代白话文著作作为语法规范的现代汉民族共同语，是全国通用的语言。

　　普通话是口才训练的基础，是社会文明程度的标志，是了解社会主义精神文明建设的窗口，它不仅反映一个人的文化素质、道德修养和精神面貌，而且还标志着国家的文明、进步和现代化程度。推广普通话必须从幼儿抓起，幼儿教师如果能讲一口优美、标准、流利的普通话，必然会启发、引导幼儿积极地学习普通话。

体验分享

　　（1）作为幼儿教师，如果用方言与孩子交流，你觉得可能会有什么结果？

　　（2）如果作为幼儿家长，你听到教师用方言教育你的孩子，有何感想？

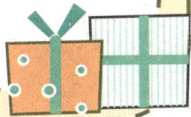

案例导入

小陈应聘到一所口碑很好的幼儿园。试用期间小陈工作认真、业务纯熟，对待幼儿更是关爱备至，但是试用期未满小陈就被园长叫去谈话，园长表示不再愿意继续留用小陈，这让小陈很不解。小陈觉得自己各个方面做得都很好，工作中没有出任何差错，园长没有理由辞退她。然而，园长却告诉小陈，辞退她是因为她普通话说得不够好。原来小陈的普通话说得不标准，带有一些方言色彩，所以导致在小陈的班上，有些小朋友模仿并学会了她的口音，这让家长们很担心，所以才会向园长反映，要求换掉小陈。

分析与提示：

小陈的事情说明了什么问题呢？这个问题应该如何解决？幼儿家长反映的问题说明，作为一名"幼儿教师"，每天和我们祖国的"花朵""未来的主人翁"朝夕相处，认真说好普通话、做好推广普通话的工作是非常重要的。

说普通话，是一个现代文明人最基本的技能。在任何场合，用普通话交流，不仅是讲文明、有礼貌的表现，还是一个人的知识底蕴及文化素养的最好体现，是一个国家国民素质的表现。说好普通话要从幼儿抓起，所以幼儿园普通话的推广工作是极为必要的。近年来，家长对幼儿教育的重视程度不断提高，也意识到发展幼儿语言的重要性，但由于环境（处于方言区）的限制、家长普通话水平的参差不齐等因素，制约了幼儿规范语言（普通话）的学习。显然，"学说普通话"的教育工作就更多地落在了幼儿教师的肩上。

幼儿教师是幼儿语言的启蒙者，教师普通话水平的高低对幼儿语言习惯和语感的培养起着举足轻重的作用。因此，提高普通话水平成为素质教育对幼儿教师的一项基本要求。

了解普通话测试

教育策略

幼儿教师的示范性极强，幼儿期又正是孩子学语言的最关键时期，因此，幼儿教师使用标准的普通话至关重要。提高幼儿教师的普通话水平可以从以下几个方面入手。

一、克服心理障碍

普通话并不难学，难的是调整和改善心理状态。许多人在学习普通话时往往有以下三种心理障碍：

第一，认为没有必要学习普通话，认为自己说的方言别人能听懂，而且自己又不打算到别的地方去，何必非要咬文嚼字地说话。第二，虽然能认识到学习普通话的重要性，但是在学习普通话的过程中，害怕自己因生硬别扭的发音出丑或被人误解和嘲笑。第三，同样是能认识到说普通话的重要性，但是，因为生活在方言区，迫于周边人一些狭隘的"热爱家乡"思想观念的影响，自己说普通话不能被家人或亲友理解，甚至会遭到他们的呵斥，认为是"忘本"。这些情况会给学习者带来心理压力，进而产生不敢说普通话的心理障碍。

以上只是简单的列举了学习者在学习普通话过程中一些常见的心理障碍，针对这种情况，需要及时调节心态、放下包袱。下面简单介绍一些应对策略。

针对第一种情况，一定要让学习者清楚地认识到学习普通话的重要性。作为一名幼儿教师，如果要引领幼儿语言能力的发展，那么自己首先要拥有良好的职业口语素养并进行正确的示范和引导，而说好普通话是基础。针对第二种情况，学习者要认识到：任何学习都是一个从拙笨到熟练的过程，学习普通话也不例外，要想尽早达到熟练程度，只有下苦功夫克服困难、战胜畏惧心理，才能成为学习中的胜利者。针对第三种情况，学习者要学会与家人沟通，讲明学说普通话的重要性，请他们理解。总之，调整好心理状态，克服心理障碍，是学好普通话的重要前提。

二、讲究学习方法

学习普通话的目的是能听、能说标准的普通话。这就要求我们改变多年对方言的听说习惯，建立一种全新的听说习惯,这并非一朝一夕的易事。一方面要花大力气、下苦功夫、老老实实地学习；另一方面也应该采用恰当的学习方法。

1. 找出普通话和自己方言中的对应规律，加强记忆

各种方言和普通话的差异主要表现在语音上，词汇和语法方面的差异较小。语音的差异主要表现为以下三种情况：

（1）声母发音存在的问题。这其中包括多数地区平翘舌音不分（也就是说 z、c、s 和 zh、

ch、sh 等区分不清），n、l 和 r、l 两组音不辨，还有就是舌面音 j、q、x 发音存在缺陷等；比如，把"知识"读成"zī si"，把"无聊"读成"wú niáo"，把"冷"读"něng"等。

（2）韵母发音存在的问题。 在我国有一部分地区的语音里缺少 eng、ing、e、uo 等韵母，没有轻声或者出现儿化音乱用的情况，还有部分人的韵母圆唇度不够或者前后鼻音不分等，比如有些地方把"波（bō）"读成"bē"，把"门（mēn）"读成"mēng"。

（3）声调不准。 普通话四声（阴、阳、上、去）的调值分别是 55、35、214、51，然而在方言中有些字词的声调与普通话的声调存在差异。比如"说"这个字普通话的调值为 55，但是在东北话中调值为 33，所以东北话的"一声"听起来比普通话的调值要低。

2. 多听多练

（1）听。 听也就是我们所说的"听力"或"练耳力"。良好的听力是学好普通话的基础，所以多听是初学者要注重的一个方面。听的素材可以选择中国人民广播电台和中央电视台的节目，看电视时应注意播音员的口形，可以边听边模仿；也可把普通话的标准录音和自己的录音进行比较，找出差异，然后加以改正。

（2）练。 练要以准确为前提，同时注意学习的步骤，由浅入深、由易到难。要学好普通话，首先要学好汉语拼音，打好基础；当字音说得比较标准的时候，再试着练习有针对性的绕口令，提高发音器官的协调能力。如果字音完全能够准确把握了，就可以尝试演绎作品，多加练习，培养良好的语感。

3. 注意"说"的过程中存在的问题

（1）吐字归音的问题。 吐字归音的要求是：字头弹出、部位准确、气息饱满、结实有力；字腹拉开立起、气息均匀；字尾完整自如、归音到位、干净利索、趋向干净。其实，一个汉字的音程很短，要在短短的时间内兼顾声韵调和吐字归音，必须从日常训练开始严格要求：吐出字要求声音的发音部位准确、弹发有力。尤其是"i、u、n、ng"等做韵母时，要注意口型的变化。注意克服韵尾不到位、归音不到位以及调值不准确的问题。同时，还要注意轻声、儿化、轻重格式以及变音等发音特点。

（2）绕口令练习中存在的问题。 首先要明确绕口令的作用是促使头脑反应灵活、用气自如、口齿伶俐、吐字清晰。绕口令的练习不要过急过快，先按照普通话正确的发音方法发音，速度由慢到快，声音由小到大，段子由易到难。否则，不科学的训练导致发音不准、吐字含糊，念得越快错误发音重复得次数越多，离正确的发音标准越远。

（3）朗读应注意的问题。 演绎朗读文章时，一定要注意停连与重音，正确表达文章的情感。在读作品时，要注意停连、重音、语气、节奏。朗读文章的方法：快看快想稳出口、少停多连，把握好气息的调整和文章的整体性（关于朗读的技巧在本单元第三节会详细探讨）。

三、创设语言环境

学习普通话的目的就是能够熟练运用，能够在日常交际中说一口流利准确的普通话。任何语言都离不开具体的语言环境。它直接影响和制约着语言的学习和应用。在学习普通话的过程中，我们一定要克服本地方言环境的负面影响，尽可能为自己创造一个有利的普通话环境。其实，语言的学习和熟练更多是在于我们生活的点滴积累，生活中运用普通话本身就是一种练习的有效途径，在日常的交际中不仅可以及时发现普通话的问题和不足，而且与人交流能取长补短、不断进步。所以，我们要把普通话运用到日常的交际中，这既是我们学习普通话的方法，也是我们学习普通话的目的。

强化训练

一、声调训练

在进行声调训练时，先注音，再标调，然后朗读。

四声同调：

江 山 多 娇　　春 天 开 花　　忧 心 忡 忡　　居 安 思 危

人 民 团 结　　豪 情 昂 扬　　回 国 华 侨　　儿 童 文 学

四声顺序：

心 明 眼 亮　　胸 怀 广 阔　　山 河 锦 绣　　英 雄 好 汉

风 调 雨 顺　　高 朋 满 座　　深 谋 远 虑　　身 强 体 壮

四声逆序：

破 釜 沉 舟　　万 马 腾 空　　刻 苦 读 书　　暮 鼓 晨 钟

寿 比 南 山　　妙 手 回 春　　万 古 流 芳　　逆 水 行 舟

四声交错：

忠 言 逆 耳　　水 落 石 出　　身 体 力 行　　得 心 应 手

百 炼 成 钢　　卓 有 成 效　　班 门 弄 斧　　明 目 张 胆

二、声母训练

训练一

平、翘舌音（z、c、s 和 zh、ch、sh）对比练习

嘱咐——祖父　支援——资源　照旧——造就　札记——杂技

擦嘴——插嘴　粗布——初步　村庄——春装　暂时——战时

丧生——上升　死记——史记　自力——智力　赞助——站住

训练二

鼻边音（n 和 l）对比训练

隆重——浓重　涝灾——闹灾　蓝色——难色　褴褛——男女

旅伴——女伴　连带——年代　无赖——无奈　老子——脑子

训练三

舌面音 j、q、x 对比练习

j—q　家禽　接洽　紧俏　强健　亲家　劝解

j—x　间歇　惊险　军训　衔接　巡警　消解

q—x　器械　侵袭　确信　乡亲　序曲　学期

三、韵母训练

训练一

o—e 对比练习

伯乐　博得　刻薄　胳膊　薄荷　破格

墨盒　模特　折磨　墨色　薄膜　叵测

训练一

en—eng 对比练习

本——绷　陈——城　分——风　痕——横

门——萌　盆——朋　人——仍　审——省

四、绕口令练习

（1）一堆粪，一堆灰，灰混粪，粪混灰。

（2）四是四，十是十，十四是十四，四十是四十，谁能分得清，请来试一试。

（3）八面标兵奔北坡，炮兵并排北坡炮；炮兵怕把标兵碰，标兵怕碰炮兵炮。

（4）哥挎瓜筐过宽沟，赶快过沟看怪狗；光看怪狗瓜筐扣，瓜滚筐空怪看狗。

（5）山上有个藤，藤上系铜铃，风吹藤动铜铃响，风停藤定铜铃静。

（6）哥哥弟弟坡前坐，坡上卧着一只鹅，坡下流着一条河。哥哥说：宽宽的河。弟弟说：白白的鹅。鹅要过河，河要渡鹅。不知是鹅过河，还是河渡鹅。

五、模仿训练

训 练 一

模仿专人。找你喜欢的主持人的一段精彩的普通话播音，作为示范录音，反复去听，并进行模仿。

提示：

模仿过程中录下自己的声音，然后听一听，与之前所录的示范录音进行对比，找出其中的差异并改正。

训 练 一

随时模仿。我们每天都听广播、看电视、看电影，你可以随时模仿播音员、演播员、演员，注意他的声音、语调，他的神态、动作，边听边模仿。

提示：

模仿的对象应该是普通话说得标准的人，模仿过程中不要一味求快或者求训练的次数，而是要用心模仿，慢中求精，争取从发音上再现该对象的普通话。

六、案例讨论

进步的淘淘

案例描述

早上来园时，大部分的幼儿都会向老师问好，唯有淘淘小朋友来园的时候只会看看老师，然后自己走进教室，并不说话。于是老师走过去和他说："淘淘小朋友，以后来幼儿园的时候要和老师说：早上好！"他看看老师，点点头，还是不说话。放学了，大部分幼儿会和老师再见，而淘淘只会摆摆手，不会和老师说话。

案例分析

淘淘是这学期刚转过来的孩子，刚到幼儿园时老师就发现他

不爱说话，只是和班级里面的一个表姐有点交谈，但说的也是老师听不懂的家乡话。老师和家长沟通后发现，原来淘淘小朋友一生下来就被乡下奶奶带着，所以不太会说普通话，别人讲话一快他有时候还听不懂，所以就不爱和老师与同学交流。于是，针对这种情况，老师和家长达成共识，要慢慢培养淘淘的语言能力，让他学会说普通话。

采取的策略、方法

（1）与淘淘多进行交流，不管他是否喜欢说话，老师都应该和他多交谈，而且要特意放慢语速，让他先学会听懂。

（2）多让班上的其他幼儿和他一起玩，要求他的表姐和他交流时也说普通话。

（3）要求家长在家也和孩子运用普通话进行交流，并要教会孩子说简单的普通话。

（4）多给淘淘表达的机会，多对他进行鼓励、肯定，培养其自信心。

案例效果：

经过一个学期的适应，在老师、家长和其他小朋友的共同努力下，淘淘已经知道进幼儿园或离园时主动和老师打招呼，同时与其他小朋友交谈时也能用简单的普通话。虽然说得有点不标准，但是只要能够对淘淘的语言能力持之以恒地进行培养，相信他会和其他的小朋友一样活泼、开朗、爱说话。

提示：

淘淘的这个案例告诉我们，对于幼儿来说，学习说普通话是一件很重要的事情，语言的问题直接关系幼儿与人的交流，或者说直接影响到幼儿的成长。幼儿的语言大部分是通过没有外界压力的自然观察和模仿而来，如果没有语言学习模型，幼儿的语言就不可能正常发展。在幼儿园，教师的语言无疑是幼儿模仿的对象、学习的模型，幼儿对教师的一词一句、一腔一调甚至某种口头禅都非常敏感。所以，教师无论是在日常生活，还是在正式的教育教学活动中，都必须使用普通话，发挥良好的示范作用。

拓展延伸

普通话水平对学校及教师的相关要求

《中华人民共和国教育法》第十二条规定："学校及其他教育机构进行教学，应当推广使用全国通用的普通话和规范字。"

《幼儿园管理条例》第十五条规定："幼儿园应当使用全国通用的普通话。"

《〈教师资格条例〉实施办法》第八条规定，教师申请认定教师资格，"普通话水平应该达到国家语言文字工作委员会颁布的《普通话水平测试等级标准》二级乙等以上标准。"（其中，语文教师和对外汉语教师不低于二级甲等，语音教师不低于一级乙等。）

由此可见，社会对普通话的使用给予了高度重视，尤其对教师提出了更高的要求。为了有效地普及和推广普通话，不断提高人民的普通话水平，国家语言文字工作委员会、国家教育委员会、广播电影电视部于1994年10月联合下发了《关于开展普通话水平测试工作的决定》（以下简称《决定》），《决定》明确规定，从1995年起，在一定范围内对某些岗位人员进行普通话水平测试，逐步实行持普通话等级证书上岗制度。

普通话水平等级测试样卷　　　　　普通话常见易错读音选编

第二节　怎样提高幼儿教师的口语素养

口语素养不仅仅是指一个人的口语表达能力，它还包括心理素质、思维品质、道德情操以及个人的阅历积累。对教师来说，注重口语素养的培养，应该从心理素质、师德修养、学识积累以及专业素养等方面着手。捷克教育家夸美纽斯说："一个能够动听地、明晰地教学的老师，他的声音便该像油一样浸入学生的心里，把知识一道带进。"语言是人类表达思想感情的主要形式，是教师劳动的特殊工具，是传递知识和影响学生的重要手段。幼儿教师是幼儿的启蒙者，教师口语素养的高低对幼儿语言习惯语感的培养起着举足轻重的作用。

（1）你认为提高个人的口语素养应该从哪些方面做起呢？

（2）你觉得幼儿教师口语素养指什么？提高幼儿教师的口语素养有什么意义？

　　小张是某幼儿园的实习教师，因为刚刚踏入工作岗位，小张对自己的工作满怀热情。小张很喜欢小孩，也很热爱自己的职业，所以她特别希望能和孩子们很好地沟通交流。但是，一段时间之后，小张发现，小朋友们并不像她所期望的那样喜欢和她在一起，相反，好多小孩子好像不喜欢她。尤其是在小张给小朋友们讲故事的时候，一些小朋友并不能被故事吸引，他们更多时候不去听小张讲什么，而是自己找寻好玩儿的事情做。

　　孩子们的表现让小张很苦恼，为什么会是这样的结果呢？小张百思不得其解，于是她就向有经验的教师们请教。大家帮助小张分析了一下，最后得出这样的结论：小张虽然对孩子们充满爱心和耐心，但是她不懂得如何跟孩子们交流。他们认为，在小张与孩子们的沟通过程中缺乏生动形象的表达，以至于小张的语言听上去枯燥无味，连小朋友们最喜欢的故事从小张的口中讲出来都显得没有吸引力了。

分析与提示：

　　通过小张的案例我们不难看出，良好的口语表达能力对幼儿教师来说是至关重要的。幼儿教师的口语表达能力不仅会影响到幼儿对教师的感情亲疏，更会直接影响到幼儿今后语言能力的发展。

　　语言是教师传道、授业、解惑的重要工具。在幼儿园这个相对特殊的环境里，幼儿教师的语言又具有一定的特殊性，对幼儿的成长和发展发挥着非常重要的作用。幼儿教师的语言特殊，就在于它是与幼儿之间相互沟通的桥梁，也是幼儿进入知识海洋的一把钥匙，幼儿所接受的一切教育、获得的所有知识基本上都来自教师的口耳相传。教师对幼儿的指导主要有两条途径，即言传和身教。言传就是通过语言进行指导、教育、传授知识；身教则是通过示范、演示等有目的的行为进行指导。相对来说，语言指导在幼儿园活动中发生的频率最高，起的作用更大，在教师的指导行动中显得更为重要。

　　教师语言使用得当，就能够帮助幼儿形成良好的语言习惯，使他们学会正确运用词汇、语调、语法表达自己的想法和内心感受。所以，幼儿教师的语言水平对幼儿的影响是重大而深远的。

教育策略

　　语言训练是幼儿教育教学中的一项重要内容。幼儿教师良好的口语表达对正处于智力、知识开发和启蒙阶段的幼儿具有重大的影响。因此，一个好的幼儿教师必须具备良好的口语素养。那么，幼儿教师良好的口语素养应该怎样培养呢？下文将从师德修养、言语心理素质和教育教学口语素养三方面展开论述。

一、师德修养

　　师德是良好的教师口语素养的灵魂。有高尚师德的教师自然会热爱自己的事业，会尊重、理解、关心、爱护学生，这样也会赢得学生的爱戴和信赖。高尚的师德是增强幼儿教师口语魅力的不竭源泉。作为幼儿教师如何培养高尚的师德呢？

1. 注重师德意识的培养

　　言谈举止，一切皆由心发。作为一名幼儿教师，一定要注重心的塑造与修养，注重师德意识的培养。首先，培养良好的内在素养。我国古代教育家曾经说过，人者，德为先。未学文而先学文德，未学武而先重武德，学好文武，不光是光宗耀祖，更重要的是报效国家。没有教育，就没有祖国的未来，作为教师，一定要认识到自己身上的使命和责任。其次，严于律己，注重"慎独"。"慎独"出于《礼记·中庸》，要求一个有道德的人在独立工作无人监督时，仍要坚持自己的道德信念，依据一定的道德原则去行动，不做任何坏事。"慎独"是教师良好的思想修养，要求学生做到的，自己先做到，在学生面前做到的，学生不在的地方也能做到。教师要达到"慎独"境界，必须经过长期艰苦的努力，"勿以恶小而为之"。

2. 加强师德行为的塑造

　　教师的行为是师德的具体表现，在幼儿的眼中，教师是一个完美无缺的人物，是最值得信赖的人，教师的举手投足，都能潜移默化地影响孩子，所以教师平时的一言一行一定要注意规范。高尚的师德最主要的是心系幼儿，关爱每个孩子。首先，要关心幼儿的生活，这是幼儿教育区别于其他教育的特殊点。尤其当个别孩子身体感到不适时，更要给予体贴、无微不至的照顾；其二，要熟悉每个幼儿的基本情况，如家庭成员及孩子的性格、脾气、生活环境等。这样，在教育时，就可因人而异，充分挖掘他们的内在潜能；其三，要平等对待每个孩子，不管是顽皮的，还是文静的，不管是男孩，还是女孩，也不管他们的家庭背景、经济条件，都应一视同仁，平等对待。

二、言语心理素质

　　言语心理，指说话时的心理状态。在言语行为中，排除非正常的心理因素，保持良好的心理状态，这对保证取得良好的沟通效果，至关重要。例如，教师在课堂上必须经常处于积极、稳重、平静的心理状态下，才能保证精神专注、思维的敏捷，讲述语言准确、鲜明、生动、条理分明。

1. 培养言语心理自控能力

为了保持良好的课堂言语心理状态，教师必须加强意志锻炼，培养自制力。自制力是指控制和支配自己言行的能力。教师必须善于抑制自己的感情冲动，调控自己的心境，控制自己的行为。

教师作为社会的人，在日常生活中必然也会遇到各种足以造成心理压力的因素，破坏心态平衡。在这类状态下登台授课，即使口才好的教师讲课的效果也不好。因此，教师特别需要自制力。自制力的强弱，是教师成熟与否的表现，也是教师综合素养高低的表现。教师的课前准备，除准备教材、教法、教具等之外，很重要的一项就是心理准备——使自己进入"最佳临课心态"。排除各种不利的心理干扰因素，将全部注意力集中到教学活动上来。为了提高教课的心理素养，教师可以在课前提前进入教室，以提前进入教学状态。

教师心理自控能力还包括，在教学过程中面对某些意外偶发情况，能够冷静、灵活地作出妥善处理，不因激动、失控而举措失当或言语失体。

2. 建立有利的课堂言语心理意识

课堂教师口语受特定语境、对象、目的制约，需要加强下面几种言语心理意识。

（1）**使命意识**。登台讲课应当怀着庄严的使命感，时刻不忘作为灵魂工程师所肩负的神圣使命。有明确的使命意识，就不会信口开河，说一些背离培养目标的话或讲不利于幼儿健康成长的话。

（2）**自信意识**。相信自己所讲的内容是正确的，相信自己能够讲好，从而心绪宁静，神态自若，举止从容，思维敏捷，记忆准确，说出话来字正腔圆、语气肯定。建立自信的首要前提是充分备课，了解学生，只有积极地准备才会胸有成竹、轻松愉快、应付自如。

（3）**兴趣意识**。教师在讲课过程中，始终要有一种意识——怎样才能吸引学生，让他们对课堂充满兴趣。为此，教师说话中应适当加进询问语、反问语、提醒语和适时插入一些幽默用语。那种"我只管讲，听不听是你们的事"的心理是有害的。

（4）**反馈意识**。教师要注意观察学生的课堂反应，从学生的表情、动作、眼神里捕捉反馈信息，了解他们的专注程度和对知识的理解程度，并因势利导，随机应变，随时根据反馈情况调整讲解。有时根据反馈情况，适时加入重复语、提示语、激励语、警告语，或利用语言技巧，适当地加以停顿，变换语速，提高音量，或利用教具等。

（5）**时间意识**。教师每堂课要在固定时间内完成教学计划中既定的教学任务，每分每秒的时间都是珍贵的。讲课必须要有很强的时间观念，说话要详略得当，言简意赅，不拖沓重复，戒绝空话、废话，更不能跑题。

三、教育教学口语素养

在教育教学活动中，无论是和儿童进行知识信息的传递反馈，还是师生之间的感情交流，或者是针对幼儿个性的熏陶感化，或者是组织教学；或者是引导儿童进行观察、记忆、思维、想象等智力活动和创造活动，都必须借助教育教学语言。可以说，口语素养无论是过去、现在还是将来都是幼儿教师必备的一种职业素质。那么，如何来培养幼儿教师的这种职业素质呢？

1. 教育教学语言常出现的问题

（1）**机械重复**。机械重复的主要问题在于"口头禅"。有的教师在讲课过程中总爱频繁使用某一个词语甚至句子，例如："这样的话""是不是啊""然后就是"等。

（2）**语速不当**。给幼儿讲课或者交流过程中语速应适当放慢，但是有些教师习惯快速说话，这往往导致幼儿听不懂、跟不上，进而不愿意和教师交流。

（3）**语言含混**。教师讲课声音太小，或者吐字发音有问题，经常"吃字"，导致幼儿听不清楚。

（4）**语调单一**。有些教师在说话的过程中语调太过平淡，缺少抑扬顿挫，不能吸引幼儿的注意力。

（5）**语脉不通**。语脉就是指话语的脉络。有的幼儿教师在讲课时吞吞吐吐、经常卡壳，或者随意插说、颠三倒四。这样的教学语言必然会影响幼儿的听说能力。

（6）**枯燥无味**。一些教师的语言单调、词汇量少，话语呆板、缺少激情。这样枯燥无味的表达怎么能被幼儿所喜欢呢？

（7）**教态呆板**。没有手势配合说话，表情呆滞刻板，面部肌肉紧张，这是和幼儿进行教学活动的大忌。

2. 教育教学语言的特点

（1）**规范**。教育教学语言要合乎规范，即语音标准、词汇语法正确无误。普通话是教师的职业语言，我们应该精益求精，认真学习训练，使自己的普通话水平更上一层楼。

（2）准确。 幼儿教师是孩子的启蒙教师，在与幼儿相处过程中，无论是传授知识，还是日常沟通都应该注意所传达意思的准确性，这样可以从小培养幼儿严密、系统的思维习惯。

（3）通俗。 对于天性好奇的幼儿来说，整个世界都是充满疑问和不解的，所以幼儿常常会问一些"奇怪"的问题。可是，幼儿的理解能力有限，这就要求幼儿教师必要做到无论多深奥的道理、多复杂的问题，都尽量能用幼儿最熟知、最能接受的语言来表达或者解释。举重若轻才是高水平的体现，因此幼儿教师的语言必须是通俗易懂、能被幼儿的理解、接受的。

（4）生动有趣。 幼儿年龄和接受能力的限制，决定了作为幼儿教师的语言必须是具有生动性和趣味性的。尤其是在给幼儿讲故事的时候，生动形象的言语会牢牢吸引住幼儿的注意力，让他们在不知不觉中就学到了应学的知识。例如，有这样一段话："蔚蓝的天没有一丝白云，一条溪水从卵石中间流过，卵石清晰可见，溪边坐着一位长者，面庞清癯，双目炯炯有神……"这是一段成人语言，虽然很流畅，描写得很美，但幼儿很难听懂，也就不会感兴趣。如果幼儿教师将这段话改为："啊，这天可真蓝啊，一点儿云彩也没有。有一条小河哗哗流着，这水可清可亮啊，里边有好些石头，看得清清楚楚。河边坐着一位老爷爷，虽然长得瘦一点，可是两只眼睛可有精神啦。"这样不论是"天空""小河"还是河里的"石头"，不论是"老爷爷"还是"老爷爷的眼睛"都很具体，尤其是使用了拟声词、叠音词、语气词，使语言富于生动性，幼儿易于理解。

（5）灵活应变。 幼儿教师的教学语言要具有灵活性。因为幼儿年龄尚小，不懂得约束和控制，所以在教学活动中，语言要根据课堂上的实际情况随机应变，应变语是在教学中巧妙处理突发情况时使用的应急性教学口语，应急语的好坏体现了一个教师的教学功底。突发事件并不是每位教师都能遇到的，但是我们一定要在平常加强思维和语言的训练，以做到有备无患。

3. 提高教育教学口语素养的有效途径

（1）重视理论修养。 教师口语是一门边缘学科，它与语言学、修辞学、心理学、教育学、美学、逻辑学等许多学科有密切关系。幼儿教师要提高自己的职业口语能力，不但要掌握教师口语自身的理论和规律，还要吸取这些理论知识的不同营养。幼儿教师要学语言学，懂得语音、词汇、语法等语言要素的构成规律，把握语言规范的标准；学修辞学，掌握提高语言表达效果的手段和规律，了解各种语体的构成与特点，领会语言手段和语境，规范与变异的辩证关系；学心理学，了解幼儿的心理特征，把握幼儿注意、记忆和思维的规律；学教育学，懂得反馈、启发、迁移、直观、期待、刺激、和谐、趣味、因材施教、循序渐进等教育原则和方法；学美学，懂得语言美的表现形式与规律；学逻辑学，懂得思维的形式与规律及其与语言的关系等。这些都是提高教师职业口语能力的极为重要的理论基础。

（2）注意语言积累。 语言表达的能力，有赖于语言积累。不可想象，一个阅读面窄、词汇贫乏的人会有很强的语言能力。苏霍姆林斯基曾描写过这样一些教师："在述说时所说的话，好像很痛苦地挤出来的，学生并不是在追随老师的思路，而是看着他是多么紧张地挣扎着用词来表达自己的思想，多么艰难地寻找着要用的词。"这些教师语言能力差的症结在于语言积累少、词汇贫乏。幼儿教师只有大量地阅读、广泛地积累，才能养成敏锐的语感，提高自己的口语表达能力。

（3）加强实践训练。使用语言是一种技能，而掌握任何技能都必须做到这两点：一是正确，二是熟练。要做到这两点，必须重视实践训练。可以说实践训练是提高幼儿教师口语能力的最直接有效途径。训练可以在课上，也可以在课下。教师口语的学习是一项长期工程，每个教师在教育教学实践中都要不断地进行自我训练，事实上，成功教师的口语往往是通过反复实践获得的。特级教师于漪谈到口语的自我实践训练时说："我原本教学用语不规范，一是有'唉'的口头禅，还有是乱用'但是'。学生的俏皮话使我震动，我痛下决心，要提高教学用语的质量。我把在课上要说的话写成详细的教案，然后自己修改，把可有可无的字、词、句删去，不合逻辑的地方改掉，用比较规范的书面语言改造不规范的口头语言，再背出来，口语化。教课以后，详写教后心得，对自己的课评头品足，找缺点，找不足，以激励自己不断改进。"她把这种训练方法称为"以死求活"。方法可以因人而异，各有不同。总之，加强实践训练，是提高幼儿教师职业口语能力的有效途径。

幼儿处在学习语言的最佳时期，教师必须用规范的口语给予他们良好的影响。所以，对幼儿教师而言，科学、系统、严格的口语训练具有特殊的重要意义。另外，教师在训练口语的同时，应该认真学习、研究幼儿教育的特点，这样才能在教育和教学的各个环节中做到游刃有余。

强化训练

一、讨一讨，论一论

1. 请扫码观看老师上课之前调整情绪的这段视频，结合本课内容，说一说你的想法。

老师课前调整情绪

2. 扫码观看视频"凌晨收到家长求助 班主任暖心帮留守儿童过生日"，说一说作为一名幼儿教师，在今后的工作中，你觉得会遇到哪些特殊的儿童需要关注呢？你又会如何做呢？

暖心班主任

3. 讨论下文，到讲台上说一说你对这些原则的理解。

培养口德的十大原则：

（一）要与人为善，勿造谣诽谤；（二）要管好情绪，勿滥发脾气；

（三）要乐于赞勉，勿吹毛求疵；（四）要就事论事，勿攻击人身；

（五）要合理论断，勿以偏概全；（六）要尊重异见，勿刚愎自用；

（七）要宽容体谅，勿斤斤计较；（八）要慎思谨言，勿胡言乱语；

（九）要幽默自然，勿出言粗暴；（十）要将心比心，勿自大自私。

二、公开场合讲话的实训

训练一

朗读训练，到讲台上朗读一篇诗歌，要求有感情、有表情、有手势。

训练二

复述训练，选一段长短合适、有一定情节的文章，最好是小说或演讲词中叙述性强的一段，反复诵读，然后进行复述。

训练三

表演训练，选一篇有情节、有人物的小说、戏剧为材料，对选定的材料进行分析，特别要分析人物的语言特点，然后可以选择其中的角色去扮演，培养语言的适应性和个性，并配合适当的表情及动作。

训练四

讲故事训练，到讲台上讲一个幼儿故事，要求生动、形象、有夸张性表情和肢体语言。

拓展延伸

三十天口才训练计划

一、积极心态训练

（1）自我暗示：每天清晨默念10遍"我一定要最大胆地发言，我一定要最大声地说话，我一定要最流畅地演讲。我一定行！今天一定是幸福快乐的一天！"（平常也自我暗示，默念或写出来，至少10遍。）

（2）想象训练：至少5分钟想象自己在公众场合成功的演讲，想象自己成功。

（3）至少5分钟在镜子前学习微笑，展示自己的手势及形态。

二、口才锻炼

（1）每天至少 10 分钟深呼吸训练。

（2）抓住一切机会讲话，锻炼口才。

①每天至少与 5 个人有意识地交流思想。

②每天大声朗诵或大声讲述至少 5 分钟。

③每天训练自己"三分钟演讲"一次或"三分钟默讲"一次。

④每天给周围熟悉的人至少讲一个故事或完整叙述一件事情。

⑤注意讲话时的一些技巧：

第一，讲话前，深吸一口气，平静心情，面带微笑，眼神交流一遍后，开始讲话。第二，勇敢地讲出第一句话，声音大一点，速度慢一点，说短句，语句中间不打岔。第三，当发现紧张卡壳时，停下来有意识地深吸口气，然后随着吐气讲出来。第四，如果表现不好，自我安慰："刚才怎么又紧张了？没关系，继续平稳地讲"，用感觉和行动上的自信战胜恐惧。

第三节　口才强化训练——朗诵

朗诵和演讲是幼儿教师必须掌握的一般口语技能，熟练运用这些技能，是成为一名合格幼儿教师的前提。因此，下面两节内容，我们主要是以教师口语的基本功——朗诵和演讲为主，展开强化训练。

体验分享

（1）请想一想，你有当众大声说话的经历吗？回想一下当时的心理是怎样的？

（2）你认为什么是朗诵？什么样的朗诵是你喜欢的？

案例导入

组织学生在班上举行以"爱心"为主题的小型诗歌朗诵会。

一、活动指导

指导学生分成若干小组，以小组为单位进行活动，组内的每位成员都要参与其中，或为朗诵者、或为评价者、或为听众，然后交流心得，谈一谈彼此的看法或者感受，讨论朗诵的技巧及评价原则等。最后，小组之间进行交流，在班里共同分析，并总结概括。

二、朗诵欣赏

听下面一段朗诵，感受其中朗诵的魅力。

乡 愁

余光中

小时候
乡愁 / 是一枚 / 小小的 / 邮票
我 / 在这头
母亲 / 在那头

长大后
乡愁 / 是一张 / 窄窄的 / 船票
我 / 在这头
新娘 / 在那头

后来啊
乡愁 / 是一方 / 矮矮的 / 坟墓
我 / 在外头
母亲 / 在里头

而现在
乡愁 / 是一湾 / 浅浅的 / 海峡
我 / 在这头
大陆 / 在那头

分析与提示：

通过案例模拟和朗诵欣赏活动不难发现，在朗诵过程中常常会存在着一些问题，例如普通话语音不标准，语速、语调、停顿不恰当或者朗诵时情感不到位等。朗诵是一种艺术活动，它要求朗诵者在朗诵作品时应该做到这样四点：一是准确把握字音和作品主题；二是语调、节律要自然流畅；三是声音要清晰响亮；四是要饱含深情。在诵读作品时能做到这四点，才能称为朗诵。做到这四点首先要认识朗诵、了解朗诵，然后学习朗诵的技巧，最重要的是要多听、多看、多模仿。

乡愁

教育策略

一、朗诵的含义及特点

朗诵，是把文字作品转化为有声语言的创作活动，也就是朗诵者在理解作品的基础上用自己的语音塑造形象、反映生活，再现作者思想感情的再创造过程。朗诵一般是指大声诵读诗歌或者散文，把作品的感情表达出来。它是一种艺术表演形式，使用的是表演语言。朗诵不同于朗读。朗诵的语言具有表演性、角色性和夸饰性，它在语调、语气甚至音量方面都要比朗读更加夸张，更加角色化。

二、朗诵的要求及基本技巧

1. 朗诵的要求

朗诵是一种艺术活动，它要求朗诵者在朗诵作品时应该做到准确、自然、清晰、含情。

（1）**准确**。朗诵的准确包括两个方面：一是语音的准确，朗诵时要使用规范准确的普通话；二是语义的准确，朗诵者应注意对作品所表达的语意的理解，注意把握作品的基调（即作品总的态度感情，总的色彩和分量），忌出现理解偏差和歧义。

（2）**自然**。朗诵是更高层次的朗读，是一种语言表述的艺术表现形式，要求对文章进行艺术处理。所以，在朗诵时，朗诵者的语气、语调、语速及态势语都应做到抑扬顿挫、快慢有致，有可欣赏性，不做作。

（3）**清晰**。朗诵时，要注意吐字归音，应做到清楚、响亮，从而准确地表达作品。

（4）**含情**。朗诵可以通过朗诵者借助表达技巧，把作品转换为一种艺术表演，因此，具有表演的成分。它呼唤的是听众的情感共鸣，追求的是使听众听之入耳、听之入心、听之动情的艺术感染力。这就要求朗诵者在朗诵时应饱含深情、声情并茂。

2. 朗诵的基本技巧

（1）停连。 停连是指朗读语流中声音的中断和延续，它是朗读实践的基本技巧之一。停，指停顿；连，指连接。有停顿、有连接才能更好地传情达意。正确的停连有以下几种类型：

①语法停连。它是指反映句子语法关系的停连。

第一，主语和谓语之间，例如：济南的冬天／是没有风声的。

第二，动词和较长的宾语之间，例如：我很认真地看了／由中央电视台首播的电视剧《猴娃》。

第三，较长修饰语和中心语之间，例如：分子是保持物质化学性质的／一种微粒。

②语意停连。语意停连是在语法停连的基础上与之一致的停连，但两者并不完全相同。如果两者有矛盾，语法停连应随语意停连而变化。例如：他呀，／就是太年轻，／好冲动，／多用点脑子／就好了。这句话中同是逗号的停顿，但停顿长短有所不同。如果把较长的停顿移到"太年轻了"之后，那就歪曲了语意，好像缺点只是"太年轻""好冲动"和"多用点脑子"反而好了。

朗读与讲述

（2）重音。 重音是指那些在表情达意上起重要作用的字、词或短语在朗诵时要加以强调的技巧。

①重音的形式有语法重音、强调重音和感情重音三种。

·语法重音。由语法格式决定的重音就是语法重音。其规律表现为以下几个方面：

第一，谓语部分通常重读。例如：朋友即将远行。

第二，动词后的宾语通常重读。例如：天空变成了浅蓝色。

第三，句子中的修饰、补充成分通常重读。例如：他激动得流出了眼泪。

第四，某些疑问代词和指示代词通常重读。例如：这才是我想要的生活。

·强调重音。强调重音是为了实现特定的交际目的，重读某些部分而形成的重音。同样一句话，重音位置不同，则表达效果也不一样。

例如：**我**喜欢杜甫的诗。（谁喜欢？）

我喜欢杜甫的诗。（喜欢吗？）

我喜欢**杜甫**的诗。（喜欢谁的？）

我喜欢杜甫的**诗**。（喜欢什么？）

·感情重音。感情重音可以使朗诵的作品色彩丰富，充满生气，有较强的感染力。

②重音的表达有重音重读、重音轻读、放慢语速和巧用停顿四种。

·重音重读。即在读要凸显重音的词语时，适当地提高音量。例如：让暴风雨来得更猛烈些吧！

·重音轻读。即在读要凸显重音的词语时，适当地降低音量。重音轻读一般用来表达亲切、体贴、怀念和幸福的情感及平静、舒适的氛围。例如：军港的夜啊静悄悄，海浪把战舰轻轻地摇。

·放慢语速。即放慢速度。例如：但我深深地知道。在这里，放慢速度，不是简单的拉长音调，还需要气息的配合。

· **巧用停顿**。这种技巧常常应用于朗诵深沉感人或者有号召力的诗歌。例如：周总理，我们的/好、总、理!

（3）**语速**。语速是指说话或朗诵时每个音节的长短及音节之间连接的紧松。说话的速度是由说话人的感情决定的，朗诵的速度则与文章的思想内容相联系。一般来说，热烈、欢快、兴奋、紧张的内容速度快一些；平静、庄重、悲伤、沉重、追忆的内容速度慢一些；而一般的叙述、说明、议论则用中速。以《雷雨》中周朴园和鲁侍萍的对话为例，朗诵时应根据人物心情的变化调整语速，而不应一律以一种速度读下去。例如：

周：梅家的一个年轻小姐，很贤惠，也很规矩。有一天夜里，忽然地投水死了。后来，后来——你知道吗？（慢速。周朴园故作与鲁侍萍闲谈状，以便探听一些情况。）

鲁：这个梅姑娘倒是有一天晚上跳的河，可是不是一个，她手里抱着一个刚生下三天的男孩，听人说她生前是不规矩的。（慢速，侍萍回忆悲痛的往事，又想极力克制怨愤，以免周朴园认出。）

《雷雨》简介

鲁：我前几天还见着她!（中速。）

周：什么？她就在这儿？此地？（快速。表现周朴园的吃惊与紧张。）

鲁：老爷，您想见一见她么？（慢速。鲁故意试探。）

周：不，不，不用。（快速。表现周朴园的慌乱与心虚。）

周：我看过去的事不必再提了吧。（中速）

鲁：我要提，我要提，我闷了三十年了!（快速，表现鲁侍萍极度的悲愤以致几乎喊叫。）

（4）**句调**。句调指语句中声音高低升降的变化，其中以结尾的升降变化最为重要，一般是和句子的语气紧密结合的，主要有以下几种：

①升调。即前低后高、语气上扬。常用来表示疑问、反问、设问、惊异、号召、鼓动等语气。

②降调。即调子逐渐由高降低，末字低而短。常用来表示陈述、感叹、请求等语气，也用来表达肯定、坚决、赞美、祝愿等感情。

③平调。即始终平直舒缓，没有明显的高低变化。多用于客观的陈述和说明，还可以表示庄重、严肃、冷淡、悲痛的感情。

④曲调。即由高而低后又高，把句子中某些特殊的音节特别加重加高或拖长，形成一种升降曲折的变化。这种句调常用来表示讽刺、厌恶、反语、意在言外等语气。

（5）**态势语**。态势语又叫"体态语"，一般指交际过程中人用来传递信息、表达感情、表示态度的非言语的特定身体姿态。

①表情语。包括目光语和微笑语，目光语是通过眼的动作和眼神来传递信息，而微笑语则是指有感染力的微笑。

②手势语。手势语是一种使用频率很高的态势语。使用手势语不仅能表达具体的事物，而且能表达抽象的概念。

③姿态语。是通过人的身体各种姿态传神、传情、传递信息的一种体态语。

三、朗诵的步骤

1. 研读作品

朗诵之前必须先深入研读作品，要弄清作品的内容、感情基调、体裁形式、背景资料、语言风格，这样才能在朗诵时做出正确恰当的处理。

2. 技术处理

朗诵之前可以根据自己事先的理解，把自己的认识成果用符号标记在作品上，以提醒自己在朗诵时及时注意这些方面，从而更好地运用节律技巧来传达文字的内容。

3. 小声试读

按照标记试着小声诵读，在读的过程中发现自己的问题和不足，及时改正，比较优劣，从而做到心中有数。

4. 大声朗诵

在试读的基础上，放开嗓子，按自己的理解和准备来读。要注意不能拿腔作势，要自然贴切。另外，朗诵的时候要做到心中有"画"，也就是说要在脑海里想象出作品中描绘的画面和场景，这样即使语气语调不刻意雕琢，感情表达也会做得很好。

四、朗诵的形式

朗诵形式众多，大体可以分为独诵、对诵和合诵等几种形式。在朗诵过程中可以配以音乐、舞蹈和画面背景等，用以强化主题、深化情感。

强化训练

一、模仿训练

扫码观看，选择自己喜欢的一段比较精彩的朗诵，然后反复听诵，并进行模仿。

《满江红·怒发冲冠》　　　　　《你是人间的四月天》

提示：

虽然只是模仿，但是我们这里要求要尽量模仿得像，要从模仿对象的语气、语速、表情、动作等多方面进行模仿，并在模仿中有创造，力争在模仿中超过对方。

二、模拟训练

朗诵《囚歌》，注意句调的处理。

囚歌

叶挺

为人进出的门紧锁着，	（→平调）（冷眼相看）
为狗爬出的洞敞开着，	（→平调）
一个声音高叫着：	（曲调）（嘲讽）
——爬出来吧，给你自由！	（曲调）（诱惑）
我渴望自由，	（→）（庄严）
但我深深地知道——	（→平调）
人的身躯怎能从狗洞子里爬出！	（↑升调）（蔑视、愤慨、反击）
我希望有一天，	（→平调）
地下的烈火，	（稍向上扬）（语意未完）
将我连这活棺材一齐烧掉，	（↓降调）（毫不犹豫）
我应该在烈火与热血中得到永生！	（↓降调）（沉着、坚毅、充满自信）

三、诗歌朗诵

雪花的快乐

徐志摩

假如我是一朵雪花，
翩翩的在半空里潇洒，
我一定认清我的方向——
飞扬，飞扬，飞扬，——
这地面上有我的方向。

不去那冷寞的幽谷，
不去那凄清的山麓，
也不上荒街去惆怅——
飞扬，飞扬，飞扬，——
你看，我有我的方向！

在半空里娟娟的飞舞，
认明了那清幽的住处，

等着她来花园里探望——

飞扬，飞扬，飞扬，——

啊，她身上有朱砂梅的清香！

那时我凭借我的身轻，

盈盈的，沾住了她的衣襟，

贴近她柔波似的心胸——

消溶，消溶，消溶——

溶入了她柔波似的心胸！

✏️ **提示：**

　　"假如"使这首诗定下了柔美、朦胧的格调，使其中的热烈和自由无不笼罩于淡淡的忧伤的光环里；诗歌的起、承、转、合要在朗读的节奏中体现出来。这首诗一共四节，正好是起、承、转、合。诗中的三次"飞扬，飞扬，飞扬"，一次"消溶，消溶，消溶"是这首诗歌情节推动的关键。第一次"飞扬，飞扬，飞扬"是对追求美表明信念坚定，语势应该越来越高，语速越来越快；第二次"飞扬，飞扬，飞扬"是追求过程的无悔，追求过程的快乐，语势下降，语气越来越舒缓；第三次"飞扬，飞扬，飞扬"是接近追求结果的渴望和欣喜，语势越来越高，语气越来越欣喜；"消溶，消溶，消溶"是达到结果时的超然，语速越来越缓慢，语气越来越从容。把这四个重复的词语把握好，这首诗歌朗诵就成功了。

拓展延伸

一、经典诗歌

世界上最遥远的距离

世界上最遥远的距离，

不是生与死，

而是我就站在你面前，

你却不知道我爱你。

世界上最遥远的距离，

不是我就站在你面前，

你却不知道我爱你，

而是明明知道彼此相爱，

却不能在一起。

世界上最遥远的距离，

不是明明知道彼此相爱，

却不能在一起，

而是明明无法抵挡这般想念，

却还得故意装作丝毫没有把你放在心里。

世界上最遥远的距离，

不是明明无法抵挡这般想念，

却还得故意装作丝毫没有把你放在心里

而是用自己冷漠的心，

对爱你的人掘了一条无法跨越的沟渠。

二、幼儿诗歌

春天的秘密

春天来了，春天来了，春天在哪儿呢？

小河里的冰融化了，河水淅沥淅沥地流着，

小声地说："春天在这儿！春天在这儿！"

春天来了，春天来了，春天在哪儿呢？

垂柳换上嫩绿的春装，在微风中轻轻的飘荡，

小声地说："春天在这儿！春天在这儿！"

春天来了，春天来了，春天在哪儿呢？

桃花红着脸，抿着小嘴，

微笑着说："春天在这儿！春天在这儿！"

春天来了，春天来了，春天在哪儿呢？

燕子飞翔在蔚蓝的天空里，

叽哩哩地叫着，小声地说："春天在这儿！春天在这儿！"

春天来了，春天来了，春天在哪儿呢？

绿油油的麦苗，使劲地从泥土里往上钻，

小声地说："春天在这儿！春天在这儿！"

故事讲述欣赏

春天来了，春天来了，春天在哪儿呢？

农民伯伯忙着播种，拖拉机轰隆轰隆地嚷："春天在这儿！"

哈哈！春天真的来了，春天真的来了！

我看见了春天的秘密，我要把它牢牢记在心里。

散文朗读欣赏

第四节　口才强化训练——演讲

演讲是口语表达活动中的一种高级形式。在现代社会，演讲活动已经相当普遍。作为一名幼儿教师，更应该把演讲作为培养职业口才、提高综合素质的一种重要手段。

体验分享

（1）回忆让你印象最深刻的一位演讲者，想一想他为什么给你留下了深刻的印象？

（2）你认为什么样的演讲是优秀的演讲呢？

案例导入

教师节到了，某幼儿园要组织师德演讲比赛，要求每位青年教师都必须参加，每个人都必须认真准备。小王是这所幼儿园的实习生，前辈们认为这对小王来说是很好的机会，所以特别叮嘱小王要好好表现，但是小王从来没有参加过演讲比赛，没有经验，假如你是小王的朋友，请帮帮小王，帮她准备一份三分钟的师德演讲稿，并指导她做好这次演讲。

要求：以小组为单位，小组成员分别扮演小王和她的朋友，完成演讲稿的写作和演讲练习，然后交流心得，并讨论演讲的技巧及评价原则等。然后，小组之间进行交流，在班里共同分析讨论，并总结概括。

分析与提示：

作为一个演讲者，尤其是像小王这样的新手，在演讲时常常会感到惶恐不安，赛前会极度焦虑，比赛时也可能会很不自然，甚至可能说不出一句话。造成这种情况的原因首先是因为没有演讲的经验，心理承受能力较弱，另外也可能是因为演讲者本身不够自信。其实，假如演讲者能经常读些课外书籍、报纸杂志、开拓自己的视野，丰富自己的阅历，学习一些演讲的技巧，就可以帮助自己树立自信、克服胆怯心理，在演讲时毫无困难地表达自己的观点或意见。

教育策略

一、演讲的基础知识

演讲与即兴说话

1. 演讲的含义及种类

演讲在古希腊被称为"诱动术"，其含义是劝说、鼓动听众。演讲有时也被称为是演说，它是一种在公众场合就某个问题发表见解，向听众说明事理，借助有声语言和态势语言表达思想的综合性口语形式。它属于现实活动的实用性言态表达艺术，是一种高级的单向传播的口语语体。

演，包含着"演绎"和"表演"两层意思。演绎，是指讲话的内容有一定的逻辑推理过程，讲话必须运用逻辑层次或事实依据把道理讲得清楚明白；而表演则是指讲话者要调动一定的态势语言（姿态、手势、动作、表情等）、辅助语言（视觉材料、服饰等）为所讲的内容服务。"演"加强了有声语言的感染力，弥补了有声语言的不足。

讲，就是陈述，就是组织语言把经过说出来，并表达清楚。它在演讲中起主导作用，就是说，有声语言是演讲活动的最重要的物质表达手段。

演讲根据其方式可划分为读稿演讲、背稿演讲、提纲演讲、即兴演讲这几种形式。其中即兴演讲最能体现一个人的口语表达水平的高低。

2. 演讲的要求

（1）**尽量口语化。**口语是用来听的，书面语是用来看的。演讲既然是诉诸有声语言的艺术活动，那么必须注意不能用过多的书面色彩浓厚的词语和句式。

（2）**内容充实。**我们常常被精彩的演讲所打动，那些演讲者外貌、形态、声音各不相同，但是不管他们的个人条件区别有多大，其实打动我们的最主要因素还是他们演讲的思想内容和他们的语音形式所传达出来的意义信息。忽视内容而一味地追求形式的美或技巧的美，那无异于舍本逐末。

（3）**逻辑性强。**有了丰富的思想内容只是有了出口成章的基本条件，这些思想还是要经过整理，并且最终要靠口头传达出来。演讲者一定要注意演说的层次和条理，要学习基本的逻辑知识。

（4）**注重修辞。**演讲的内容应该既充实丰富又"言之有文"，要做到这一点，就必须注意修辞方面的学习和锤炼。

（5）**有情有味。**感人心者，莫先乎情。演讲者不仅要训练逻辑思维能力，还要培养自己丰富的情感，做到既以理服人，又以情动人。没有真情的演讲是不会引起听众共鸣的。

（6）**态势得当。**演讲者往往面对的是广大的听众，因此，在演讲的同时一定要注意自己的态势是否得体，表情、眼神、手势、站姿等都需要注意。既不可僵硬呆板，又不能动作过多过滥。

二、演讲的实用技巧

1. 克服演讲怯场的几种心态

（1）居高临下的心态。 王之涣有诗云："欲穷千里目，更上一层楼。"意思是站得高才能看得远。从演讲的角度看，如果心态居高临下，自然就会产生一种优越感，有了这种优越感在演讲过程中就能适度消除紧张心理。一般来说，父母在儿女面前、老师在学生面前、领导在下属面前能够挥洒自如、侃侃而谈，就是前者"站"的位置较高，把自己放在了主导者的位置上。初学演讲者要克服自卑感，在演讲时就应逐步养成这种居高临下的心态。正如卡耐基所说："你要假设听众都欠你的钱，正要求你宽限几天；你是个神气的债主，根本不用怕他们。"

（2）心中无我的心态。 王国维谈词的境界时说"有有我之境，有无我之境"。借用到演讲方面来说，就是培养自己的"无我之境"，对克服紧张的心理大有益处。"无我之境"就是不要把自己太当回事，要心中无我。说得更具体一点，就是要克服怕丢面子的心态。在演讲中把面子看得太重，往往面子丢得更大。在演讲之初不妨开个玩笑，自我解嘲。《演讲与口才》杂志主编邵守义先生在一次演讲的开场白中说道："没有什么奉献给大家的。给朋友们带来两盘菜，一盘皮冻、一盘排骨。"（大意）邵先生为我国演讲事业的发展做出了巨大的贡献，在报刊界有"拼命三郎"之称，名望之大、水平之高，是有目共睹的，可他在演讲中却拿自己偏瘦的身体来开玩笑。邵先生都不把自己"当一回事"，何况我们初学者呢？

（3）淡化效果的心态。 人们都有一种追求完美的心理。在演讲中就表现为过分注重演讲效果，参加演讲比赛时尤甚，而往往事与愿违。在这里有一个特别明显的例子。一次，两个班级间进行一场辩论赛，其中实力略强一点的班级的四名学生，在同学们"势必夺冠"的呼声中，心理压力很大，有名学生还在赛前不断问老师评判的标准有哪些，自己能否成为最佳辩手。由于他们过于看重比赛的结果，紧张程度也随之增加，甚至出现各自为战、积极表现自我的情况，有的同学因紧张而出现思维断层，使辩论中断。而另一个班级的四名学生，则抱着往最坏处打算、往最好处努力的心态，轻装上阵。结果由于后者淡化结果，彼此积极配合而最终获胜，最佳辩手也由他们中的一位同学获得。可见，淡化效果的心态，往往会取得意想不到的收获。

2. 巧妙利用态势语

演讲中只让听众听是远远不够的，还要满足听众看的效果。如演讲者的目光、表情、手中的动作、身体的姿势等，只有充分调动了身体语言，才能使你的演讲魅力倍增。如果在视觉上不能给观众以感染力，那你的演讲注定要失败。

（1）用整个身体进行演讲。 演讲时的身姿应挺胸抬头，身体的重心平稳，双脚略微分开，既要做到挺拔，又不显得过于僵硬。面前有演讲桌时，双手自然放在身体前面，切忌在胸前抱臂或把双手背在后面，前者对听众有失敬意，后者给你以受训的感觉。

另外，要注意的是心神不定，慌里慌张，站着纹丝不动，装腔作势、仰面朝天，双手插兜、手撑在演讲桌上、身体靠着演讲桌等动作都会影响听众的情绪。最后还要注意演讲中的一些细小动作，诸如摇头、晃腿、摸脸、摆弄领带等，也会降低你的演讲效果。

（2）**丰富的表情**。演讲者应善于通过自己丰富的面部表情，把自己的内心情感最鲜明、最恰当地显示出来；应善于运用表情，对听众施加心理影响，构筑起与听众交流思想感情的桥梁。

面部表情贵在自然，自然才显得真挚动人，做作的表情显得虚假。同时，还应该丰富、生动、随着演讲内容和演讲者的情绪发展而变化，既顺乎自然，又能够和演讲内容合拍。

演讲者要直面听众，听众最先看到的是演讲者的脸，继而通过演讲者的表情来确认演讲内容是否真实。故作镇静，毫无表情是不行的。整个演讲过程中应面带轻松、自然、柔和的微笑，因为这种微笑会紧紧抓住听众的心。俗话说"眼睛是心灵的窗口"，内心世界的各种活动都能通过眼睛表现出来，因此，表情的中心是眼睛，眼神要和听众交流，目光视线要撒向所有观众。演讲词和视线要统一。比如在演讲中出现 A、B 两人对话的场面，当演讲者扮作 A 说话时，略微向右看，扮作 B 说话时再略微向左看，这样做会产生戏剧效果，抓住听众。

（3）**恰当使用手势和肩膀**。一个人的手势，就好比他的牙刷，应该是专属于他个人使用的东西。演讲者的气质、状态不同，手势也不同。在演讲中不要重复使用一种手势，否则会使人产生枯燥单调的感觉；不使用肘部做短而急的动作；手势不要结束得太快，要适时。在练习时，假如有必要，应强迫自己做出手势，当在听众面前演讲时，只做那些自然发出的手势。

最后还有三点需要注意：第一，手势与演讲内容在时间上必须一致。话说结束了，动作也应结束；第二，无论多好的手势，也不能太多，以免让听众感到眼花缭乱。最后，动作不要做得过于夸张，特别是在一些比较严肃的场合，程度适当即可。

3. 提高演讲艺术水平的途径

（1）**提高政治文化素养**。一个优秀的演讲家，必须具备广博的学识。丰富的知识基础是增强演讲效果的一个很重要的前提。

（2）**加强语言修养**。要学习语法、修辞、逻辑的基本知识，还要学习和借鉴古代有生命力的语言和外国的可以为我所用的语言形式，不断提高语言表达能力。另外，切记演讲应用普通话完成。

（3）**学习演讲学和口才学的理论和技巧**。演讲学和口才学是我国近年来迅速兴起的新兴学科之一，它是古今中外演讲家和口才家口语表达经验的结晶，它总结了前人口语表达的技巧和规律，学习和掌握这些理论和技巧，用以指导自己的演讲实践，可以迅速提高演讲的艺术水平。

（4）**反复进行演讲实践**。"拳不离手，曲不离口。"要学会演讲必须亲自演讲，反复练习。演讲——总结——再演讲，这是任何演讲家成功的必由之路。

三、演讲稿的写作技巧

1. 选题好，立意高

话题必须精心选择，一方面要首先考虑自己熟知的事物，这样才会有话可说。另外，必须要考虑到听众的层次和兴趣所在，这样才能做到"有的放矢"。立意就是确定自己的立场和观点，演说者的立场必须要坚定，观点必须要正确。

2. 开场白引人入胜

良好的开端是成功的一半，这句话尤其适用于演讲稿的写作。一个精彩的开头，可以增强演说者的自信，也可以吸引听众。演讲稿的开头可以有以下几种方式：

（1）**单刀直入**。开门见山，直截了当，往往是就演讲题目直接亮出自己的观点，不拐弯抹角，不客套啰唆，让人觉得雷厉风行、引人入胜。

（2）**名言警句**。俗话说："他山之石，可以攻玉。"名人名言、诗歌警句等既广泛传诵又涵盖丰富，借用它们来开头，能起到意想不到的效果。

（3）**巧设疑问**。就是提出疑问，利用悬疑引发听众的好奇心理。这种方式常能启发听众的思考、吸引他们的注意力。

（4）**讲述故事**。先讲述自己的事情，以拉近和听众的距离。这样的方式自然贴切，适合听众心理，便于演讲者与听众之间的沟通交流。

（5）**直抒胸臆**。这样的方式一上来就营造出浓浓的情感氛围，用自己的激情点燃听众的热情，引起强烈的共鸣。

3. 主体要充实丰富

（1）**内容要真实和充实**。演讲应该具有鼓动性，有说服力和感染力。而要取得这种效果，主要靠的就是真实和充实的内容。

（2）**中心要突出**。一次演讲，必须突出一个中心思想，以便讲清楚一种意见、一种看法或一种思想观点。

（3）**层次要清晰**。一次演讲要说明一个中心观点，就必须按照一种结构顺序，有条理、分层次地讲下去。如果演讲稿的结构紊乱，层次不清，听众就很难弄清演讲者的思路和意思，继而产生厌倦情绪，不愿意继续听下去。

（4）**材料安排要恰当**。演讲稿的材料安排，要注意围绕主题、突出主题要求。"文似看山不喜平"，避免平淡，力争设计出一两个高潮。组织材料，安排结构，都要考虑听众的兴趣和注意力。

4. 结尾余音绕梁

演讲的结尾是演讲思想内容发展的必然结果，是演讲内容的自然收束。结尾的好坏，对演讲的成功与否有着极为重要的影响。结尾部分的创作原则可以分为以下几种：

（1）**首尾呼应**。即结尾和开头相照应，以起到突出中心，强化主题的作用。

（2）**总结概括**。即演讲者对自己已阐述的思想观点用简洁的语言作一个高度概括，以强化主题。

（3）**鼓舞号召**。即演讲者以慷慨激昂的语言表达自己的思想观点，表达希望，号召和鼓舞听众振奋精神，积极行动。

（4）**发人深思**。在这样的结尾里，演讲者提出问题或只有一些启发性的结束语，而结论却留给听众自己去想。

（5）**旁征博引**。这是指在演讲结束时，适当地引用名人名言、格言俗语或诗词曲赋等作为结束语。这样的引用，既可以强化主题，又可以画龙点睛。

强化训练

（1）请扫码观看超级演说家刘媛媛《寒门贵子》的演讲视频，说一说她是如何开头和结尾的。

《寒门贵子》

（2）根据随机提示的词语进行即席演讲。比如用房屋、电扇、美丽、爱心、生活等这些词来连成一段话，或者讲述一个故事。

提示：

可以先从简单的句子做起，然后可以慢慢增加难度，比如限定时间、限定句子数量等。

（3）随机找一条或者几条名人名言，然后进行即席阐释。

　　例如：①己所不欲，勿施于人。（《论语》）
　　　　　②它山之石，可以攻玉。（《诗经·小雅》）

提示：

进行阐释时可以找人充当观众来听，对出现的一些问题进行及时分析纠正，在练习的过程中还可以给自己限定时间。另外，需要注意的是，每条名言都可以反复练习，这样可以促进自己口才能力的不断提高。

（4）选择一个话题，拟定演讲题目，阐释选择该话题的理由。

提示：

选择话题先从简单好说的做起，阐释理由的过程中最好把自己所说的话录下来，同一个话题多练习几次，在反复练习和听的过程中寻找不足，并加以改正。

31

（5）结合演讲稿的写作技巧，写一篇师德演讲稿。

（6）年级活动：组织学生举行"师德演讲比赛"。

董仲蠡老师的精彩演讲《教育的意义》

拓展延伸

一、草拟演讲提纲

演讲稿提纲是演讲稿的大致轮廓，是演讲者写作时应依据和遵从的纲目和脉络，是正式写作演讲稿的先期准备。

演讲者在演讲时，如果死记硬背演讲词，一旦记忆中断，就会出现"卡壳"的尴尬局面。但如果演讲者手里拿着写有提纲的卡片，或者在脑子里记住演讲稿提纲，演讲就不至于出现"中断"或难以继续下去的情况。由此可知，演讲提纲对演讲者的写作和演讲都有着重要影响。

演讲稿提纲的编拟首先要考虑演讲题目的需要，演讲题目是整个演讲的方向、目标，是演讲内容的统帅和指挥棒。演讲题目定了以后，演讲内容才能基本上定下来。不同的题目，就规定着不同的演讲内容，甚至不同的演讲风格、色彩。

演讲内容的编拟归纳起来，就是言之有理、言之有物、言之有序、言之有文和言之有情。

第一，言之有理。观点必须正确，不是歪理邪说，更不能胡说八道。

第二，言之有物。内容应该有思想、有内容，而不是空洞无物。

第三，言之有序。内容应当有条有理，条清缕晰，而不是杂乱无章。

第四，言之有文。语言应当准确、简洁、生动、形象、活泼，这样人们才愿意听，而不是枯燥乏味，如同嚼蜡。

第五，言之有情。语言的准备过程中要注意措辞，字句最好充满感情，通情才能达理，而不是冷冰冰的。

演讲稿提纲的编拟可以分为详尽提纲和概要式提纲。

1. 详尽提纲

《爱与美的凯歌》的演讲稿提纲：

引马克思语。

引马克思之女艾琳娜的语句。

只有付出艰巨的努力，才能奏响壮丽的婚姻曲。

问题一：信心不足，认为年龄太大，难以找到理想的爱人。

举例：①陈毅与夫人张茜结婚时，已经 42 岁。

②高士奇同志与夫人金爱娣结婚时，已经超过 50 岁。

问题二：注重外表，忽视内在。

适当批评，要求外表适度。

问题三：门当户对的观念。

说明：无产阶级已破除此观念。许多人不仅不计较出身，也不计较肤色。

正面举例：①财政部原部长吴波同志与保姆结成亲家。

②廖承志同志四个子女找的都是普通工农群众的子女。

反面举例：①《简·爱》中罗彻斯特的第一次婚姻。

②青年中的一两个例子。

问题四：鄙视再婚，使离婚或失去配偶者难以找到对象。

讲点历史，批判"好女不嫁二夫"。

举例：①《孔雀东南飞》中刘兰芝被休后仍有不少人求婚。

②蔡文姬和董祀。

③卓文君与司马相如。

2. 概要式提纲

北大学子刘媛媛励志演讲《寒门贵子》提纲：

开篇：围绕论点提出问题"你们觉得这句话有道理吗？"引发讨论，激发兴趣。

主体：

①人生由自己决定，举例论证，自己出身寒门的故事。

②寒门可以出贵子，举例论证，英国纪录片《人生七年》，贫穷小孩逆袭成大学教授。

③面对困境，要有勇气改变。述说自己的心声"单枪匹马，在这个社会杀出一条路来"。

结尾：

金句呼应主题：有志者事竟成，破釜沉舟，百二秦关终属楚；这个故事是苦心人天不负，卧薪尝胆，三千越甲可吞吴。

二、幼儿教师师德演讲稿范文

从内心选择幸福

保定市青年路幼儿园　任海霞

尊敬的各位领导、老师：

大家好！今天站在这个舞台上，能代表千千万万的教师来倾吐我们对教育事业的心声，我感到无比的荣幸；在数十亿人口当中，能成为一名学前教育工作者，我感到非常的骄傲。"从内心选择幸福"是我的演讲题目，但最重要的是，这句简短的话语道出了我们对教育事业的热爱与忠诚。

有这样一个故事跟大家在此分享。传说在天堂上的某一天，上帝和天使们召开一个头脑风暴会议。上帝说："我要人类在付出一番努力之后才能找到幸福快乐，我们把人生幸福快乐的秘密藏在什么地方比较好呢？"天使们说："藏在大海深处，藏在高山上。"上帝摇摇头。有一个天使说："把幸福快乐的秘密藏在人类的心中，因为人们总是向外去寻找自己的幸福快乐，而从来没有人会想到在自己身上去挖掘这幸福快乐的秘密。"上帝满意地点点头。从此，幸福快乐的秘密就藏在了每个人的心中。是的，幸福是一种态度，而不是一种状态。幸福是一种选择，我们如果能钟情于正在经历的，就会体验更多的幸福。

20岁的我带着一脸稚气，懵懵懂懂地闯进了幼儿教师的行列，成了一名"孩子王"。那时，我不禁叹息自己的青春从此就要和这一群叽叽喳喳的孩子相依相伴了。九年过去了，当我身边的同事一个个离开这个行业，有的拿上了高薪，有的当起了老板。而我却仍然坚守在这个岗位上。许多人问我为什么？我笑着说："因为我是爱的天使。"爱，没有理由。于是，我徜徉于纯洁的童心世界，挥洒着绚丽的青春，追求着平凡的快乐！没有鲜花，没有掌声，没有讴歌，没有豪言壮语，名利远离我，而我却乐此不疲。在这个纯净世界里，我无拘无束地享受着我的成功，实现着我的价值。教育事业是太阳底下最光辉的事业。而在教师行列中，最小的是我们——幼儿教师。有人说当"孩子王"没出息，也有人说，幼儿教师是高级保姆。然而，我还是毅然选择了幼教职业，带着豆蔻年华的热情，带着稚气未脱的脸庞，带着对美好未来的憧憬，同时，也带着一颗亮晶晶的爱心，跟最年幼的人在一起。于是，我便成了蹦蹦跳跳的"大人""长不大的孩子"。

当我成为幼儿园的一名教师，一种强烈的荣誉感便油然生起，同时一种强烈的责任感也深沉于心底。"用爱撒播希望，用真诚对待每位幼儿"是我们这个团队无言的承诺。我们用慈爱呵护纯真；用智慧孕育成长；用真诚开启心灵；用希冀放飞理想。花的事业是甜蜜的，果的事业是珍贵的，然而我们选择了叶的事业，因为叶总是谦逊地垂着它的绿荫。

当我和孩子们在一起，我奉献着我简单的爱，这是一种沉甸甸的责任，我从家长手中接过这个责任。于是，我成了他们的"妈妈""亲爱的老师""知心的朋友"。还记得，第一次接触孩子们，望着一双双稚嫩而又陌生的眼神，我手足无措，不知用什么样的爱来呵护这一颗颗水晶般纯洁又美丽的心灵，生怕自己一点点的疏忽也会影响这片心湖的明净。于是，每天早晨，我都用爱怜的目光、无声的拥抱来抚慰孩子们，孩子们也用一个个吻来回应我。就这样，一个眼神，一个手势，一个微笑都是美丽的语言。有人问我，"你觉得幸福吗？"因为他们习惯于把教师比作蜡烛、春蚕、人梯和铺路石，把教师的劳动和这些牺牲者、悲苦的形象相连。而我认为，教师应该有另一种境界，应把教育劳动看作一种幸福的体验，孩子快乐成长的过程，正是教师生命增值的过程。幸福是要靠自己去品味的。当我假装生气时，听到一句："老师，你别生气，生气就不漂亮了，我们会乖的。"当我劳累时，感受到一群孩子为你捶捶背、揉揉脚的时候；当我生病时，见到家长拿着药说："老师，听孩子说你病了，这药挺有效的，你试试看。""老师你慢点，别摔着""老师，你喝点水吧"幸福感便油然而生了。世上有很多东西，给予他人时，往往是越分越少，而有一样东西却是越分越多。那就是爱！爱，不是索取，不是等价交换，而是付出，是给予，是自我牺牲。

有人说："爱听话的孩子是爱，爱淘气的孩子是真爱。"宝宝是班上最淘气的孩子，每天都有无数的小朋友去告他的状，许多家长也因此有一些看法，他的朋友自然也少得可怜。每天，老师因为他犯的错误（打人、抓人、骂人、破坏环境）不知要进行多少次沟通和调节。但是，老师从来没有放弃对他的责任。我们想办法和他谈心，帮助他与别人建立和谐的人际关系，用自己的休息时间去家访，家、园携手帮助孩子走出误区。在上课时，我们给他创造发言的机会；在户外活动时，我们赋予他重任，创造与同伴接触的机会；在亲子活动时，我们给他提供表现自己的机会，让大家改变对他的印象。一次一次的失败，我们没有放弃。现在的宝宝已经是我们大家眼中的好孩子了。这件事让我们终于知道了什么叫：播种一粒种子，收获整个秋天的道理。曾经，我们的老师也接触过自闭症的孩子，虽然无形当中自己的工作比其他人增加了许多困难，但是我们的老师凭着自己的敬业精神和一颗博爱的心，从来没有歧视过、嫌弃过他，而是把更多的爱洒向这片特殊的心田。给孩子喂饭，一天不知清洗多少次尿裤，外出活动，从来没离开过老师的手。有时，家长有事晚接，老师就带回家中，像对待自己的孩子一样照顾，家长感动地说："我们的孩子虽然有些不幸，但是他又是幸运的。感谢您对我孩子的照顾。"当孩子认真地和老师叫着"妈妈，妈妈"时，一股热热的液体充盈了老师的双眼，流进了老师温暖的心间。

一个人的事业决定了他的地位，而一个人的地位又体现了他的价值，这是多么庸俗而市侩的偏见。然而。我们正生活在这种偏见之中。"人类灵魂的工程师""祖国百花园的园丁"，这些桂冠并不属于我们，这只是文学家和艺术家的语言。真正属于我们的只有三个字，那就是"孩子王"。是的，也许我们是渺小的，但正如事物的价值有时并不在于事物本身，我们付出的不仅仅是智慧，还有情感，这能够用物质来衡量吗？

生命的春夏秋冬在轮回，在孩子们成长的脚步中跨过青年，步入中年、老年，然而，我们收获的是永远的童真和不老的青春。正如一位诗人说的："我不去想是否能够成功，既然选择了远方，便只顾风雨兼程；我不去想，身后会不会袭来寒风，既然目标是地平线，留给世界的只能是背影。"我只有挖掘自己灵魂深处的真诚，把握瞬间的辉煌，拥抱一片火热的激情，去装点生活的风景。

我选择了幼教事业，就是从内心选择了幸福。我无悔于我的选择——青春无悔，生命也无悔！

谢谢大家！

幼儿教师演讲欣赏

单元二 日常交际口才

第一节 怎样运用交谈的前奏——寒暄

交谈是社会交际中最基本的言语形式，是由两人或两人以上，为实现交流思想、沟通感情、互通信息、协调行为等目的，采用的口头表述活动。任何人在日常生活与社交场合总要与人交谈，但不是任何人都懂得如何文明、得体的交谈。所以进行交谈训练，对于增进人们之间的了解与友谊、获得知识与信息、提高工作效率都是非常必要的。

交谈往往以"寒暄"作为"前奏"。寒暄，也叫打招呼，是相识的人在一定场合互致问候，或不相识的人在问路、问事或请人帮助时常使用的一种言语交际形式。寒暄语用于熟人之间的交谈，可以融洽气氛，增进彼此的感情；用于陌生人相聚，常常是交谈的开场白，可以打破"僵局"，缩短彼此的距离。寒暄实在是一种人际关系的润滑剂。

体验分享

（1）熟人相见，如果没有寒暄，彼此会有怎样的感受？你有过切身体会吗？说给同学听听。

（2）你知道常用的寒暄语有哪些呢？

案例导入

请同学们分组讨论下列案例中寒暄语的运用是否恰当。

一个夏天的下午，张颖路过淮海路、常熟路口，一位老太太走过来对她说："张颖，您好！"

张颖以为遇上熟人了，忙礼貌地回答："您好"！

"我是你的观众。"老太太笑着说："我喜欢你的主持风格，清清爽爽，文文静静，我们做学生时都是那样打扮的。"老太太过去毕业于一所有名的教会学校。

"谢谢！"张颖感动地看着老人。

临走时，老太太又说："你可不要变呀。"老太太走远了，张颖还忍不住回过头再望一望她的背影。

分析与提示：

张颖是上海电视台《今日印象》栏目的节目主持人，经常在电视上露面，上海人差不多都能认出她来。一位老太太主动过来与她打招呼，老人虽然不是"追星族"，但张颖的节目主持得好，使老人自然要与经常在电视上见面的熟人打招呼。她们打招呼的对话，体现了礼貌性原则。

（1）老人一见面，先直呼其名，拉近了同张颖的距离，像是老熟人一样。后又称"您好"，一是问候，二是毕竟是未曾打过交道的，体现出老人的一种平易和亲近。而张颖也是以"您好"回答，达到了彼此尊重的效果。

（2）老太太又自我介绍，并对张颖进行了赞誉性的鼓励。特别是老太太以自己过去读书时的"打扮"来评价张颖，更消除了双方的陌生感和拘束，十分自然。张颖感动地道声"谢谢"。临走时，老太太又简洁地提出了期望。

第一句话称"您"，后来的几句话又称"你"和"你的"，十分得体而又亲近。

教育策略

一、寒暄的种类

最常见的寒暄是应酬式的，如早晨去上班，门口碰见邻居买菜回来，问一句："买菜？"对方随口回答："哎，买菜。"并反问："您去上班？"虽然双方都是明知故问，但彼此都作了友好的表示。还有问候式的寒暄，如"早上好""最近工作忙吗"，表示亲切关怀；祝愿式的寒暄，如"恭喜发财""生日快乐"，传达美好情谊；礼仪式的寒暄，如"很高兴和大家见面"，表示礼貌和尊重。

二、寒暄的注意事项

（1）**礼貌、友好、尊重。**这是达到寒暄目的的首要原则。

（2）**注意不同的交谈对象与谈话场合。** 对于位尊者、年长者，要用庄重、恭敬的语气和言词，对同辈和年轻人就可以随便诙谐些。

（3）**注意交谈对象的职业和身份。** 要根据对象的职业、身份选择便于引起共鸣的寒暄语。

（4）**注意对象的性别及彼此熟悉的程度。** 否则，会使交谈冷场或令人反感。

强化训练

（1）在你毕业后，偶然有一天碰到了你久未联系的班主任老师，你怎样寒暄？应该说些什么呢？

（2）你去老师家做客，恰好她家五岁的小女儿也在，你怎样通过寒暄，赢得她的好感？

（3）你成为一名幼儿教师，在街上碰到了小孩子的家长，该怎样寒暄呢？

（4）下面是发生在某职业学校门口的一个"寒暄"的场景，请对其中人物使用的寒暄方式、寒暄语运用得当与否作简要的评析。

情 境

清晨，一缕朝阳投射在某职校校牌上，校门两边执勤的学生身穿校服、肩披绶带向陆续进校的师生鞠躬致敬。门内一侧一块活动黑板上写着：热烈欢迎兄弟学校教师莅临指导。一位30多岁的女教师（李老师）在门口迎接前来观摩口语交际训练公开教学的兄弟学校教师。这时，见门外走来一位50开外年纪的女教师（赵老师），李老师连忙迎上前去，两人亲切握手，热情寒暄……

李老师：赵老师，欢迎欢迎，好久不见，您看上去越来越年轻了。

赵老师：瞧您说的，我已经是"两鬓如霜"了，你才是风华正茂呢！

李老师：最近工作忙吗？是不是还带教年轻教师？

赵老师：这学期上六个班，还带教两个徒弟，能不忙吗？

李老师：您百忙中还远道而来指导，我真有点受宠若惊了。不过，有您这样的专家指点，真是三生有幸。

赵老师：您别过谦了，谁不知道您是本市口语教学方面的后起之秀，今天，能来听您的公开课，实在是难得的学习机会。

李老师：您多年研究口语教学，有丰富的经验，可要给我多提宝贵意见呀。

赵老师：别客气了，还是后生可畏，咱们互相切磋吧。对了，我正想搞一个课题研究，如果你有兴趣，咱们合作干吧。

李老师：那太好了……

说着，两人手挽着手，向教学楼走去，边走边热烈地交谈着……

拓展延伸

一、社交"十不要"

（1）不要到忙于事业的人家去串门，即便有事必须去，也应在办妥后及早告退；也不要失约或做不速之客。

（2）不要为办事才给人送礼。礼品与关系亲疏应成正比，但无论如何，礼品应讲究实惠，切不可送人"处理"之类的东西。

（3）不要故意引人注目，喧宾夺主，也不要畏畏缩缩，自卑自贱。

（4）不要对别人的事过分好奇，再三打听，刨根问底；更不要去触犯别人的忌讳。

（5）不要拨弄是非，传播流言蜚语。

（6）不能要求旁人都合自己的脾气，须知你的脾气也并不合于每一个人，应待人宽容。

（7）不要服饰不整，肮脏，身上有难闻的气味。反之，服饰过于华丽、轻佻也会惹得旁人不快。

（8）不要毫不掩饰地咳嗽、打嗝、吐痰等，也不要当众修饰自己的容貌。

（9）不要长幼无序，礼节应有度。

（10）不要不辞而别，离开时，应向主人告辞，表示谢意。

二、适用的寒暄语

当被介绍给他人之后，应当跟对方寒暄。若只向他点点头，或是只握一下手，通常会被理解为不想与之深谈，不愿与之结交。碰上熟人，也应当跟他寒暄一两句。如果视若不见，不置一词，难免显得自己妄自尊大。

在不同时候，适用的寒暄语各有特点。

跟初次见面的人寒暄，最标准的说法是"您好！""很高兴能认识你""见到您非常荣幸"。比较文雅一些的话，可以说"久仰"，或者说"幸会"。要想随便一些，也可以说"早听说过您的大名""某某人经常跟我谈起您"，或是"我早就拜读过您的大作""我听过您作的报告"等。

跟熟人寒暄，用语则不妨显得亲切一些，具体一些。可以说"好久没见了""又见面了"，也可以讲"您气色不错""您的发型真棒""您的小孙女好可爱呀""今天的风真大""上班去吗？"等。

寒暄语不一定具有实质性内容，而且可长可短，需要因人、因时、因地而异，但它却不能不具备简洁、友好与尊重的特征。

寒暄语应当删繁就简，不要过于程式化，像写八股文。例如，两人初次见面，一个说"久闻大名，如雷贯耳，今日得见，三生有幸"，另一个则道"岂敢，岂敢"，搞得像演出古装戏一样，

就大可不必了。

寒暄语应带有友好之意，敬重之心。既不容许敷衍了事地打哈哈，也不可用以戏弄对方。"来了""瞧你那德性""喂，你又长膘了"，等等。

问候，多见于熟人之间打招呼。西方人爱说"嗨"，中国人则爱问"去哪儿""忙什么""身体怎么样""家人都好吧？"。

在商务活动中，也有人为了节省时间，而将寒暄与问候合二为一，说一句"您好"。

问候语具有非常鲜明的民俗性、地域性的特征。比如，老北京人爱问别人"吃过饭了吗？"其实质就是"您好！"您要是答以"还没吃"，意思就不大对劲了。若以之问候南方人或外国人，常会被理解为："要请我吃饭""讽刺我不具有自食其力的能力""多管闲事""没话找话"等，从而引起误会。所以不同的场合、不同的人群要用不同的寒暄语。

第二节　怎样做到文明得体的交谈

交谈是人类口头表达活动中最常用的一种方式。随着人类社会的高度发展，交谈已成为政治、外交、科学、教育、商贸、公关等各个领域中重要的、不可缺少的一项语言活动。交谈是以两个人或几个人之间的谈话为基本形式，进行面对面的学习讨论、沟通信息、交流思想感情、谈心聊天的言语活动。文明得体的交谈，不仅体现了人们的语言水平，也是交谈者良好素质修养的一面镜子。语言有美丑、雅俗、冷暖之分。古人云："良言一句三冬暖，恶语伤人六月寒。"在交谈中，恭敬有礼的话语温暖人心，热诚正切的话语鼓舞人心，而粗野庸俗、强词夺理的话语不仅会伤人心，还会败坏社会风气。因此，学习掌握交谈的艺术尤为重要。

体验分享

口语交际特点与原则

（1）你的同学或朋友犯了错误，受了处分，你该怎样和他交谈？

（2）将来，你在事业上取得了一定成功，在老同学的聚会上，你是否要谈及自己的成功？如果需要谈到自己的成功，该如何谈论？当别人赞扬你时，你该怎样表现谦虚的风度？

案例导入

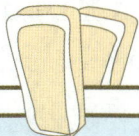

淘气包儿子放学回到家，衣服也没脱完，小脸儿涨得通红告诉我：妈妈，今天有件不开心的事！我被老师罚站了……听他十分懊恼地叙述完，我知道怎么回事了：他在走廊和几个男孩子打闹，结果被学校值日生抓到，其中有的同学跑得快，没被抓。后来班级扣了纪律分，他被老师罚站了。前几天好像也因为他站在桌子上，被老师罚站警告。我觉得应该跟老师交流一下了，趁着爸爸领他出门的空隙时间，我给老师打了一个电话——

（1）首先，我表示歉意，给老师和班级添了麻烦，让老师受累，让班级分数受损很不安！感谢老师对孩子的帮助，对老师岗位的辛苦表示体谅。

老师比较开心地接受了我的开场白，十分热情地开始了我们的交谈。

（2）然后，我客观地评价孩子，承认他的淘气。并举例说明在家里有时也很淘气，经常被我管教，我有时会体罚。然后引申到男孩子普遍好动，希望和老师探讨一下如何教育的问题。

老师批评我不要体罚，认为男孩子普遍好动是天性，解释当天发生的事情，说罚站只是一会儿，说孩子认识到错误就结束了。

（3）接着我委婉地表达想法——这孩子淘气的同时，有时很热心很仁义，对老师很有感情，优点多多。怕定位在淘气包的学生里，每天被批、被罚，会丧失进取的积极性，是不是能赏识教育，或者处罚与激励相结合？

老师表明并没有总是罚站，还经常表扬他、鼓励他，看到一点进步就会表扬。但同时说，好像表扬多了，有时孩子也会麻木，要掌握火候！

（4）我继续介绍了一下孩子对老师的崇拜和感激，举例说明老师鼓励孩子之后，孩子在家会念叨，比如老师夸孩子写字漂亮了，孩子开心并更加认真写字等。

老师很开心这样的反馈。

（5）最后我表态会努力和老师配合，做好孩子的教育工作。如果老师有什么事情，家长会做力所能及的，为孩子班级做贡献，比如印试卷等。

老师表示感谢。

分析与提示：

"我"的第（1）句话用歉意和感激开口，营造了良好的交谈氛围，便于同老师进行下面更进一步的沟通。

　　"我"的第（2）句话低姿态，表示虚心探讨、共同配合努力，赢得了老师对"我"进一步的好感。

　　"我"的第（3）句话用设问句委婉表达观点，表现了对老师充分的尊重。

　　"我"的第（4）句话反馈孩子在家的好的表现，间接赞美老师一些好的做法，对老师的工作做了充分的肯定，这样使得交谈的气氛更加融洽。

　　"我"的第（5）句话为老师分忧，为孩子班级尽力，表明了我对老师工作的理解与大力支持。

　　在以上事例中，"我"运用一定的交谈技巧，达到了很好的效果。在日常生活中，我们也应该注意交谈的方式和方法，以便建立良好的人际关系。

教育策略

一、交谈的原则

1. 礼貌

礼貌是文明交谈的前提，如何做到礼貌呢？

（1）使用礼貌用语：如"请""谢谢""对不起"等。

（2）倾听对方谈话，主要表现在以下几个方面：

①不轻易打断对方说话或随意插嘴，如需插嘴要征得对方同意。

②要有应和语，如：唔，是吗？是啊！

③没听明白的意图不要妄下结论，容易引起争议。

倾听技能概说

（3）态势大方得体：目光平视（注视对方的眼鼻之间），表情庄重、自然，避免不必要的小动作。

2. 真诚

真诚是做人的美德，也是交谈的原则。交谈双方态度要认真、诚恳，有了直率诚笃，才能有融洽的交谈氛围，才能打下交谈成功的基础。认真对待交谈的主题，坦诚相见，直抒胸臆，不躲不藏，明明白白地表达各自的观点和看法。"出自肺腑的语言才能触动别人的心弦"，真心实意的交流是自信的结果，是信任人的表现，只有用自己的真情激起对方感情的共鸣，交谈才能取得满意的效果。

3. 谦虚

谦虚是一种美德，古希腊哲学家苏格拉底曾说："谦虚是藏于土中甜美的根，所有崇高的美德由此发芽生长。"与人交往中，谦虚不是虚伪，而是一种风度。下面简单介绍几种表现谦虚风

度的方法。

（1）转移对象——要把成绩融于集体，转移到他人身上。

如："这些成绩是与领导的支持和同事们的通力协作分不开的"。

（2）巧妙设喻——这样可以保持谈话的幽默感，而且耐人寻味。

如：被人们称颂为"力学之父"的牛顿发现了万有引力定律，在热学上，他确定了冷却定律；在数学上，他提出了"流数法"，建立了二项定理，和莱布尼兹几乎同时创立了微积分学，开辟了数学上的一个新纪元。他是一位有多方面成就的伟大科学家，然而他非常谦逊。对自己的成功，他谦虚地说："如果我见的比笛卡尔要远一点，那是因为我站在巨人的肩上的缘故。"他还对人说："我只像一个海滨玩耍的小孩子，有时很高兴地拾着一颗光滑美丽的石子儿，真理的大海还是没有发现。"

此外，在特定的场合还要注意表现谦虚。如，与长者交谈，要多用请教的口气；与客户交谈，多用商讨的言辞；与老同学见面，少宣传自己的成功与发迹；向领导汇报，要求多提批评意见等。

4. 避讳

日常生活和社会交际中，言语需要避讳的地方很多，你知道哪些，请谈一谈。

在中西方文化交流日益频繁的今天，和西方人交谈应该避讳哪些呢？下面总结为"八不问"。

（1）年龄不能问。

（2）婚姻状况不能问。

（3）家庭状况不能问。

（4）经济收入不能问。

（5）住址不能问。

（6）个人经历不能问。

（7）工作及职业不能问。

（8）个人信仰不能问。

礼貌、真诚、谦虚、避讳是我们在与人交谈中的基本原则，遵循这些原则，必然会使交谈充满和谐、融洽的气氛，可以使我们在展现口才的同时，体现良好的修养和气质。

二、交谈中的身体语言

在交谈中出现了一些表情、动作，往往是人们真实想法的反映，表示某一方对交谈产生了兴趣或是厌倦。因为无意识的身体语言有时会比声音透露更多秘密，所以在交谈的时候，应该知道这些身体语言的作用。

体态语

1. 积极的身体语言

以下这些身体语言表现出来的情况，就可以认为对方对这次交谈已经产生了兴趣：

（1）**对方的脸颊微微向上升。**这是对方刚刚开始感兴趣的迹象。对于比较感兴趣的话题，人们都渴望听得一清二楚。

（2）**眼睛眯起变细。** 这是对方思考的一种表现。他不但在仔细地听你讲话，而且大脑中也不停地随之活动。

（3）**嘴角向上扬，嘴时常半闭半开。** 嘴角向下，是一种轻视或者不屑的表情；嘴唇紧闭，表明他对你的话题实在不想参与；当嘴角向上扬时，表明他的兴趣被你调动起来了；而半开嘴巴时，表示他会和你一起讨论某个话题了。

（4）**肩部保持平衡。** 对方坐立时，两肩不平，是一种疲惫的表示；肩部平衡，表明他的精神很好，对你的话题不厌烦。

（5）**对方眨眼次数减少，睁大眼睛。** 频频眨眼表明了不耐烦，而眨眼次数减少，表明他已经被你的话题所吸引，大概没多余的时间眨眼了。至于突然睁大眼睛，是他已经明白了你的意思。

（6）**身体略向前倾。** 这是"倾听"的代名词，一个人专注听别人说话时，身体便会略向前倾，以求听得仔细一些。

（7）**频繁和说话人配合。** 这时，对方已经积极参与进来。当频频回答"嗯"，或者是表示赞成地点头，他的态度也就可以看出来了。

2. 消极的身体语言

以下这些身体语言表现出来的情况，就可以认为对方对这次交谈已经产生了反感或是厌倦。

（1）跷起二郎腿，并将跷起的脚尖对着别人。

（2）打哈欠，伸懒腰。

（3）挖耳朵、抠鼻子、抠脚或摆弄手指。

（4）看手表。

（5）手搂在脑后。

（6）交叉双臂紧抱在胸前。

（7）双腿叉开。

（8）揉眼、搔头发。

（9）对着别人喷吐烟雾或烟圈。

三、交谈的技巧

1. 善于提出话题

交谈一般是参与者的即兴对话，常常事先没有准备，有时难免会有"不知从何说起"的情况。提出话题常用的方法有：

（1）**开门见山法。** 交谈一开始，就直截了当地从正面提出交谈的话题，表明交谈的目的，常用于咨询、访问、联系工作等场合。

（2）**迂回入题法。** 交谈先不入正题，而是先从对方关心、感兴趣的方面谈起，创设良好的气氛，然后再入题。这样，可以消除对方的戒心和抵触情绪，缩短心理距离，待时机成熟，巧妙切入，谈话成功的希望会大得多。在求助、劝谏时，常用这种方法，如《触龙说赵太后》。

2. 善于控制话题

在一般交谈中，交谈话题往往会随着交谈的进行而偏离主题，使交谈不能达到预期的目的，也就是常说的"跑题"，对此，交谈者要学会控制话题。控制话题的方法有以下三种：

（1）提醒法。发现话题偏离，要适当提醒，提醒方式要因人而异，对年长者、尊者，不可武断打断，应该用眼神或手势或借沏茶续水的机会提醒。

（2）重申法。作为交谈的主角或主持人可以用商讨的语气把话题"拉回来"。例如，"各位，今天我们讨论的主要是某某问题，请大家围绕这个问题再深入讨论，希望达成共识。至于其他问题，我们以后再安排时间商议"。

（3）引导法。为了避免交谈东拉西扯，交谈者可以运用引导法。一种是"正向引导法"，就是围绕话题，充分发表意见，引导参与者深入讨论；另一种是"逆向引导法"，故意提出相反的意见，"一石激起千层浪"，引导参与者深入讨论话题。

3. 巧妙转移话题

恰当地提出话题，主动地控制话题，是交谈成功的重要条件。但是，在某些情况下，如遇到一些尴尬的、不便直接回答的问题等，就需要巧妙的转移话题。

（1）谐音改口。这种方法是巧妙借用汉语同音字，改变话题的意思，常用掩饰自己的失言。如：《雷雨》中的鲁侍萍在见到日夜思念的大儿子周萍之后，脱口呼出"你是萍……"；突然又发现母子不能相认，不得不谐音改口"凭什么打我的儿子"。

（2）答非所问。这是交谈时回答对方提问的一种回避战术。主要采用偷换概念的方式摆脱困境。如日本影星中野良子来到上海，有些影迷问她："你准备什么时候结婚？"中野良子微笑着说："如果我结婚，就到中国度蜜月。"

（3）歧解转意。人们在交谈中难免会出错，而形式又不允许当面否认，这时，只要对话意做出别出心裁的解释，就可以轻易掩饰过去。例如：日本侵略中国时，闻张作霖大帅毛笔书法颇佳，于是索取一幅，张作霖手写一"虎"字，并落款"张作霖手黑"。日本人颇为不解，以为应为"张作霖手墨"才对，随侍秘书也发现了错误："手墨"怎么写成了"手黑"？他连忙贴近张作霖的耳边低声说："你写的'墨'字下面少了个'土'。" 张作霖两眼一瞪，大声回答："我张作霖就是手黑！谁不知道'墨'字要在'黑'下面加'土'？但这是日本人要的东西，我就是寸土不让！"

向中国人脱帽致敬

强化训练

（1）微笑训练：面带微笑地向老师问好。

微笑标准：微笑时牙齿露出 6 颗到 8 颗，可以咬着一根筷子进行练习。

比一比，看谁的微笑最标准吧！

（2）情景模拟：2017 年，你所在的幼儿园正在举行年终总结及表彰大会，你因为工作业绩突出，被评为年度的先进工作者，场景模拟"×××，今年工作业绩尤为突出，本园决定授予其'先进工作者'称号，颁发奖金 3 000 元，下面请 ××× 发言。"

请一位学生做获奖感言，其他学生评价"优秀工作者"的发言；并简要分析生活及工作中"谦虚"有无必要。

（3）情景模拟：今天，你是幼儿园的带班老师，放学后，有家长问你："老师，我的孩子在幼儿园表现好不好？"你如何回答？

（4）你的好朋友（同桌）做了错事（如考试作弊等），你告诉了老师，这位朋友（同桌）因怀恨而长时间不理睬你，你用什么样的方法与他交谈，从而恢复你们的友情？

（5）你很想买一台电脑，可是你父亲（母亲）并不支持，你几次提起，他（她）都把话岔开。你决定找他（她）认真的交谈一次。模拟这次交谈，尽量争取达到目的。

（6）你的同学因遭遇父母离异，近来变得越来越沉默寡言，你如何与之交谈，抹去她心头的乌云。

（7）你的同学或朋友犯了错误，受了处分，你该怎样和他交谈？下面提出几项话题，请比较优劣：

①你的领导太过分了，小题大做！

②无所谓，别放在心上，做人潇洒些。

③谁没有过错："过而能改，善莫大焉！"

④你老兄真傻得可以。

⑤回避不提。

拓展延伸

一、与人交谈能力的小测试

你擅长与人交谈吗？你想知道自己与人交谈的能力吗？不妨测试一下，每题有三种答案可供选择，答题后根据计分来评判自己的交谈能力。

（1）你是否时常觉得"跟他多讲几句也无意思"？（　　　）

　　A.是的　　　　B.有时觉得　　　　C.从不觉得

（2）你是否觉得太过于表现自己的人是肤浅和不诚恳的？（　　　）

       A. 是的   B. 有时觉得   C. 从不觉得

（3）你与一大群人或朋友在一起时，是否时常觉得孤独或失落？（　　　）

       A. 是的   B. 有时觉得   C. 从不觉得

（4）你是否觉得需要有时间一个人静静地才能清醒一下和整理好思绪？（　　　）

       A. 是的   B. 有时觉得   C. 从不觉得

（5）你是否只会对一些经过千挑百选的朋友才吐露自己的心事？（　　　）

       A. 是的   B. 有时是的   C. 从不觉得

（6）在与一群人交谈时，你是否常发觉自己在胡思乱想一些与交谈话题无关的事情？（　　　）

       A. 是的   B. 有时是的   C. 从来没有过

（7）你是否时常避免表达自己的感受，因为你认为别人不会理解？（　　　）

       A. 是的   B. 有时是的   C. 从来没有过

（8）当有人与你交谈或对你讲解一些事情时，你是否常觉得很难聚精会神地听下去？（　　　）

       A. 是的   B. 有时是的   C. 从不觉得

（9）当一些你不太熟悉的人对你倾诉他的生平遭遇以求同情时，你是否觉得不自在？（　　　）

       A. 是的   B. 有时是的   C. 从不觉得

答案：每道题选 A 可得 3 分，选 B 可得 2 分，选 C 可得 1 分。

22～27 分：表示你只有在极需要的情况下或者对方与你志同道合时，才同别人作较为深入的交谈，但你仍不会把交谈作为发展友情的主要途径。除非对方愿意主动频频跟你接触，否则你便总处于孤独的个人世界里。

21 分：表示你的性格接近孤僻，不太容易与人交谈。

15～20 分：你比较热衷跟别人交谈。如果你与对方不熟识，你开始会很内向似的，不大愿意跟对方交谈。但时间久了，你便乐意常常搭话，彼此谈得来。

9～14 分：这表示你与别人交谈不成问题。你非常懂得交际，较易产生一种热烈气氛鼓励人家多开口，同你谈得拢，彼此十分投机。

二、交谈的禁忌

（1）随便打断别人的谈话或抢接对方的话头。

（2）口若悬河，只顾自己一个劲儿地讲，而不注意对方的反应。

（3）说话不知轻重，语速太快或不够连贯，使对方难以接受或不知所云。

（4）对别人的话不关注、不感兴趣、不注意倾听，表现出不耐烦。

（5）目光过于新奇，老是从头到脚地打量对方，像审查什么似的，让人感到不自在。

（6）目光喜欢盯着异性看。

交谈的 5W1H 原则

（7）故作内行，不懂装懂，明明对方说得有道理，但出于虚荣心理，表面上就是不认可、不接受。

（8）不考虑交谈对象，用词偏难或偏俗；声调异常，手舞足蹈，使人听不明白或听起来不愉快。

（9）短话长说或长话短说，不考虑交谈的时限、主题和氛围，达不到交谈的期望效果。

（10）不与对方商量，戛然而止，单方面结束交谈，使人感到没礼貌、不愉快。

第三节　怎样进行自我介绍和居间介绍

"介绍"是一种涉及范围广、实用性强的口头表达方式。它的作用是通过"口说"使人"心知"——对陌生的人、事、物、环境有所了解，获得有关知识。

人物介绍有自我介绍（也叫介绍自我）和居间介绍两种。与不相识的人打交道或来到一个新的学习、工作环境，少不了要做自我介绍，以便让别人了解你、熟悉你、喜欢你。自我介绍恰当与否，关系到能否给人一个良好的"第一印象"，进而会对自我形象塑造产生持久的影响。而居间介绍作为一种必要的口语交际形式，起着沟通人际关系、融洽会见气氛的重要作用。

体验分享

（1）假设你明天将要参加一所大型幼儿园的面试，你如何向考官介绍自己呢？

（2）你为班里请来了一位书法老师，为同学们进行书法指导。你将怎样向同学们介绍这位老师？

案例导入

请同学们认真阅读下面这段自我介绍，然后分组讨论它的优点是什么？

各位考官：

上午好！

本来我想朗诵一首诗，但在看了前面十几位考生的口试后，我忽然领悟到：旅游工作更多的应该是娓娓而谈，这样才能更好地完成导游任务。因此，我这儿想和各位主考说说心里话。话题呢，就叫"我为什么报考导游员"。

我报考导游员有两个不利条件：

第一，是我的年龄。招聘启事上说是招 19～24 周岁的人员，而我却已是 30 岁了。不过任何事物都不是绝对的。一方面，我可以通过充满青春活力的热情和幽默来弥补；另一方面，年龄大些或许可以成为成熟、稳重、可以信赖的标志呢！——而这些，好像正是导游工作所需要的。

我的第二个不利是我的性别。毋庸讳言，导游工作大多是由温柔美丽的女性来干的。但是，当今世界，导游已不是女性们的专利了。在某种情况下，具有阳刚之气的男性导游或许会备受青睐。

因此，我来了。因为我知道，报考导游员我还有 7 个有利条件。

第一，我热爱导游工作。

第二，由于我的职业关系，夏季，这个烟台旅游的"黄金"季节，正是我们中小学放暑假的时候。我有充裕的时间。我可以做到招之即来，来之能战。

第三，由于长期坚持锻炼身体，我有充沛的精力。我可以胜任长途奔波，完成连续"作战"的任务。

第四，由于对家乡的热爱和对史地知识的爱好，我相信我可以在烟台市范围内的导游工作中做到有问必答、有疑必解。

第五，由于在大学四年中经常有外地同学来烟台，由我为他们担任导游，所以我自认为已经具备了初步的导游工作的实际经验。

第六，经过四年多的教师工作的锻炼，我认为自己的普通话和语言表达能力均能胜任导游工作。

第七，我的性格和气质属于多血型，从心理素质上讲，适应环境的能力和应变能力较强，而这种心理、气质类型，正是被认为做导游工作最适宜、最优秀的一种类型。

所以，我来了，并且相信，如果被录取，一定不会辜负你们——各位主考的选择的！

我的话完了，谢谢各位为我提供这次机会。

分析与提示：

这位考生的自我介绍，以实事求是的态度从年龄、性别、职业、体力、学识、经验、性格、气质等方面列述自己从事业余导游工作的有利条件，陈述理由充分，语言朴实无华，态度坦诚自信，是一次卓有成效的自我推荐。尤其是一开头以自己的不利条件为切入口，欲扬先抑，虚贬实褒，令人顿生好感，取得了先声夺人的效果。

教育策略

一、自我介绍的内容和语言技巧

在不同场合，面对不同对象，自我介绍有不同的要求，其基本要求是内容客观、真实，语言简洁、明白，态度落落大方。下面简单介绍一下在求职面试或某些竞选活动等场合，自我介绍应包含的基本内容。

1. 姓名要清楚

清楚地介绍自己的姓名，并让别人记住很重要，推荐几种介绍自己姓名的方法：

王雪彤自我介绍

（1）解释含义。如"我叫单之愚，就是善于知道自己的愚昧和不足，人如其名，在工作和生活中，我都在不断追求完美"。

（2）利用谐音。如"我叫贾龙霞，同学们都叫我小龙虾，我可不是一只真的龙虾哦，而是一只假的龙虾，希望您能记住我——贾龙霞"。

（3）借用诗词歌赋或名人等。如"我叫李洋，有幸与两位名人重名，一位是疯狂英语的李阳，还有一位是给唐老鸭配音的李阳"。

2. 籍贯或出生地

中国人有一种同乡认同感，说出你的籍贯或出生地，可以使在场的老乡或近邻产生亲切感，从而容易认同你，并进而关心你。也可据此寻找到一些共同的话题，从而活跃自我介绍时的气氛。

3. 毕业学校及所学专业

这可以让人更具体地了解你这个人，了解你周围的环境，以便进一步加强联系。

4. 特长与兴趣爱好

这是为了让别人清楚你的个性、嗜好，以便更好地了解你的为人。因此，在自我介绍时，不应忽略掉这些内容。

5. 社会实践经历

这往往是面试单位优先录用你的有利条件。因此，可以把从事工作的种类以及对自己的影响说得具体一些，还可以将自己的在校表现，所获荣誉，参加社团活动，对企事业单位的了解和向往等内容进行简要介绍。

同时，注意自我介绍的条理要清晰，层次要分明，详略要得当，不谈无关、无用的内容，不可自我吹嘘，表述方式上要尽量口语化。尽量塑造一个坦诚、自信、机敏、洒脱、受人欢迎的美好形象。

以下是自我介绍的一个范例，仅供参考：

我叫×××，来自美丽的×××，所学专业是学前教育。我性格开朗，形象可爱，有一张娃娃脸，天生有一颗坦然、善良的心，在校专业技能良好，思想积极向上，曾两次被评为"五好生"，一次荣获校"十佳学生"称号，并拥有普通话甲等证书。通过几年来的学习，我对幼教工作有了更大的信心，我爱孩子，我的性格和年龄是我从事行业的优势，我自信自己能成为一名优秀的幼儿教师。虽然我是应届毕业生，但我在幼儿园实习过、工作过，有一定的实践经验。希望您能给我一次机会，您将会看到一个更优秀的我。谢谢！

二、居间介绍的内容与技巧

居间介绍，是介绍者站在第三者的立场，使被介绍的双方相互认识并建立关系的一种口头交际方式。居间介绍多用于新老朋友聚会，接待来访者、会晤洽谈等一般社交与公务活动场合。

居间介绍的基本要求有以下几点：

1. 顺序适宜

社交礼仪中介绍的顺序有"五先"的惯例：

（1）先把男子介绍给女子。

（2）先把职位低的介绍给职位高的人。

（3）先把年轻人介绍给年长者。

（4）先把未婚女子介绍给已婚女子。

（5）先把宾客介绍给主人。

总之，在面对尊者、长者时，他们有"优先知道权"，要先将别人介绍给他们。

2. 称谓恰当

准确恰当地称呼被介绍者，不仅有利于双方彼此了解，也会使人产生愉悦满足的心理感受。一般说来，公务员、企业家重视职衔，学者、艺术家重视职称，老百姓重视辈分。

3. 语言谦恭

为表示对他人的尊重和礼貌，介绍时通常用祈使句或者敬语。比如："请允许我来介绍，这位是……"；"请允许我为您介绍……"；"很荣幸能介绍各位认识，这位是……这位是……"。

4. 态势得体

在进行"居间介绍"时的规范态势是：站立于双方被介绍者的一侧，先把身体上部略倾向被介绍者，伸出靠近被介绍者一侧的手臂，大臂与小臂呈弧形平举，手掌向上，拇指与四指分开，四指自然并拢，面部略带微笑，两眼平视被介绍者，然后眼光转向另一方。（学生可按要求当堂练习）

强化训练

（1）阅读招聘启事：慧果万基幼儿园坐落在青田县万基欧郡高级别墅小区之内，距丽水市70千米，温州市45千米。交通便利，环境优美，设施齐全。幼儿园总占地面积2 100平方米，建筑面积1 500平方米，园区完全按照浙江省示范性幼儿园标准建设，总投资900万余元。定于

2009 年 9 月 1 日正式开学，拟开设班级 6 个，招收幼儿 150 名，并由北大幼教中心和杭州童慧教育集团统一管理，是一所集日托、全托为一体的具有国际教育理念的高品质幼儿园。现决定面向社会公开招聘教职员工，启事如下。

拟招聘的岗位、专业、人数及资格条件

①幼儿教师 12 名。性别：女，年龄：35 周岁以下，具有学前教育专业或教育专业大专以上学历；形象气质好，个性开朗、健康，有活力；热爱幼儿，有一定的亲和力；普通话标准，技能技巧全面，有艺术、英语特长或幼儿园实际工作经验者优先考虑。

②保育员 6 名。性别：女，年龄：45 周岁以下，初中以上学历，身体健康，责任心强，有实际幼儿园工作经验者优先考虑。

③保健医生 1 名（兼营养师及后勤）。性别：女，年龄：30 周岁以下，卫生专业毕业，中专以上学历，有医师或护士证书及实际工作经验者优先录用。

④厨房工作人员 2 名。年龄：45 周岁以下，具有初中以上学历，身体健康。

⑤门卫 1 名。性别：男，年龄：25 ~ 45 周岁，身体健康。具有初中以上学历，会讲普通话。

⑥司机 1 名。性别：男，年龄：25 ~ 45 周岁，身体健康。驾照 B 证以上，驾龄 5 年以上。具有初中以上学历，会讲普通话。

请你以应聘者的身份，选择自己最满意的一个岗位，并根据这个岗位的特点进行自我介绍。

演练要求

①口齿清晰，发音准确；

②时间 2 ~ 3 分钟；

③可持发言提纲；

④介绍时要做到落落大方，音量适中。

（2）你所在单位想招聘一位幼儿授课教师，你认为你的一位老同学挺合适，你怎样向幼儿园园长推荐她？

（3）下个星期，学校要邀请市里各大幼儿园的园长来校座谈，请你以主持人的身份，对来宾、学校领导进行介绍。

提示：

首先，对各位的到来表示欢迎和感谢。下面，请让我介绍大家互相认识。

拓展延伸

"自我介绍"的常识

在社交商务场合，由于人际沟通或业务往来的需要，自我介绍是必不可少的。下面简单地介绍一些关于"自我介绍"的常识。

一、需要自我介绍的场合

（1）应聘求职时。

（2）应试求学时。

（3）在社交场合，与不相识者相处时。

（4）在社交场合，有不相识者表现出对自己感兴趣时。

（5）在社交场合，有不相识者要求自己作自我介绍时。

（6）在公共聚会上，与身边的陌生人组成新的交际圈时。

（7）在公共聚会上，打算介入陌生人组成的交际圈时。

（8）交往对象记不清自己，或担心这种情况可能出现时。

（9）有求于人，而对方对自己不甚了解，或一无所知时。

（10）拜访熟人遇到不相识者挡驾，或是对方不在，需要请不相识者代为转告时。

（11）前往陌生单位，进行业务联系时。

（12）在出差、旅行途中，与他人不期而遇，并且有必要与之建立临时接触时。

（13）因业务需要，在公共场合进行业务推广时。

（14）初次利用大众传媒向社会公众进行自我推荐、自我宣传时。

二、自我介绍的形式

1. 应酬式

适用于某些公共场合和一般性的社交场合，这种自我介绍最为简洁，往往只包括姓名一项即可。如：

"你好，我叫刘翔。"

"你好，我是汪洋。"

2. 工作式

适用于工作场合，它包括本人姓名、供职单位及其所在部门、职务或从事的具体工作等。如：

"你好，我叫刘翔，是大地公司的销售经理。"

"我叫汪洋，我在南京大学商学院教管理学。"

3. 交流式

适用于社交活动中，希望与交往对象进一步交流与沟通。它大体应包括介绍者的姓名、工作、籍贯、学历、兴趣及与交往对象的某些熟人的关系。如：

"你好，我叫刘翔，在大地公司上班。我是汪洋的老乡，我们都是江苏人。"

"我叫李东，是汪洋的同事，也在南京大学商学院，我教西方经济学。"

4. 礼仪式

适用于讲座、报告、演出、庆典、仪式等一些正规而隆重的场合。它包括姓名、单位、职务等，

同时还应加入一些适当的谦词、敬词。如：

"各位来宾，大家好！我叫刘翔，我是大地公司的销售经理。我代表本公司对各位的到来表示最热烈的欢迎，希望大家……"

5. 问答式

适用于应试、应聘和公务交往。问答式的自我介绍，应该是有问必答，问什么就答什么。如：

"先生，您好！请问您怎么称呼？"或者说："请问您贵姓？"

"先生，您好！我叫刘翔。"

主考官问："请介绍一下你的基本情况。"

应聘者："各位好！我叫任义，现年 26 岁，江苏扬州人，汉族，……"

三、自我介绍的基本程序

先向对方点头致意，得到回应后再向对方介绍自己的姓名、身份和单位，同时递上事先准备好的名片。自我介绍时表情要自然、亲切，注视对方，举止庄重、大方，态度镇定而充满信心，表现出渴望认识对方的热情。如果见到陌生人就紧张、畏怯，语无伦次，不仅说不清自己的身份和来意，还可能会造成难堪的场面。

四、自我介绍的注意事项

1. 繁简适度

作自我介绍时，根据不同的交往对象，内容应繁简适度。自我介绍总的原则是简明扼要，一般以半分钟为宜，情况特殊时也不宜超过 3 分钟。如对方表现出有认识自己的愿望，则可在报出本人姓名、工作单位、职务（即"自我介绍三要素"）的基础上，再简略地介绍一下自己的籍贯、学历、兴趣、专长及与某人的关系等。当然，在进行自我介绍时，应该实事求是，既不能把自己拔得过高，也不要自卑地贬低自己。介绍用语一般要留有余地，不宜用"最""极""特别""第一"等表示极端的词语。

2. 讲究态度

进行自我介绍，态度一定要自然、友善、亲切、随和，应落落大方、彬彬有礼，既不能唯唯诺诺，又不能虚张声势、轻浮夸张。语气要自然，语速要正常，语音要清晰。

3. 真实诚恳

进行自我介绍要实事求是、真实可信，不可自吹自擂、夸大其词。

4. 方式灵活

自我介绍的方式因不同的场合而异。如果你应约参加一个宴会，因为迟到，宴会已经开始了，而主人又没能把你介绍给来宾，在这种情况下，你就应该走到宾客面前，这样作自我介绍："晚上好！各位，很抱歉来迟了。我叫×××，在××公司做公关工作。"这样一番介绍，即可避免别人想与你谈话却不知你是谁的尴尬局面。

5. 巧借外力

自我介绍除了用语言之外，还可借助介绍信、工作证或名片等证明自己的身份，作为辅助介绍，以增加对方对自己的了解和信任。

第四节　怎样进行拜访与接待

在社交活动中，拜访与接待是两种常见的形式，借助这种交际活动，人们彼此达到相互了解、沟通信息、加深感情、增进友谊的目的。

——怎样做到得体的拜访——

拜访是指为了礼仪或某种特定目的而进行的访问、访晤。不同形式、不同目的的拜访，会话语言各不相同，但它们在结构上却存在着共性。

体验分享

（1）你知道在拜访他人的时候，应该注意哪些礼仪吗？

（2）当你登门拜访时，在门口就听见里面在争吵，这时你该怎么办？

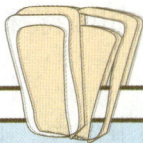

案例导入

　　有一天，听得同事小丽诉苦说，她家来了一位叫人头疼的客人。这位客人在她家一坐就坐到了半夜，嘴里滔滔不绝地讲述着自己在单位遇到的诸多不如意，都已经很晚的时候也没有离开的打算，困得小丽呵欠不断。由于没有休息好，小丽第二天上班迟到了，连全勤奖都泡汤了。小丽说现在一看见他就害怕。那位客人自己倒是痛快了，却似乎全然不顾对方是否也感兴趣，根本没有发觉主人都疲倦得快睡着了。

　　分析与提示：

　　走亲访友是人之常情。尤其是过节放假的时候，人们都有了些闲暇的时间可以去找老同学、老相识去好好地聊聊。但在做客的过程中要学会把握分寸，别让这种感情的交流愿望变成别人的负担。"沉屁股"这个词语形象地刻画出了一些客人的"韧劲儿"，这种客人去别人家做客一坐就是几个小时，就跟屁股沉轻易挪不动似的。上例中，小丽的那位朋友就是一个典型的"沉屁股"。同时，在这个词语中也反映出被拜访对象的无奈。因为，但凡主动登门拜访，都是冲着叙叙友谊、交流感情来的，做主人的自然是不能够怠慢这些朋友，那么客人自然也应该能够心疼一下主人，正所谓"俩好并一好"。与主人聊天，半个小时或者是喝完了一两杯茶后，就应该张罗着回家了。谁家都有自己的事儿，谁都想在闲暇时享受自己的私人空间。所以，拜访亲朋好友时，一定要掌握好时间，不要做一个让主人厌烦的客人。

教育策略

亲朋好友间的私人拜访，应该注意以下几点事项：

一、拜访要讲究时间的安排

1. 拜访要选择一个对方方便的时间

拜访前最好事先和对方约定，以免扑空或扰乱主人的计划，最好不要做"不速之客"。在中国也可以不事先约定，但仍然要注意不要给主人带来不便，可在假日的下午或平时晚饭后，要避免在吃饭和休息的时间登门造访。

拜访外国人时，切勿未经约定便不邀而至。尽量避免前往其私人居所进行拜访。在约定的具体时间通常应当避开节日、假日、用餐时间、过早或过晚的时间，及其他一切对方不方便的时间。

2. 拜访时要准时赴约

约定时间后，不能轻易失约或迟到。如因特殊情况不能前去，一定要设法通知对方，并向对方郑重其事地道歉。

这不只是为了讲究个人信用，提高办事效率，而且也是对交往对象尊重友好的表现。

3. 注意拜访时间的长短

拜访时间长短应根据拜访目的和主人意愿而定，通常宜短不宜长。

二、讲究敲门的艺术

到达被访人所在地时，一定要讲究敲门的艺术。敲门不宜太重或太急，一般轻敲两三下即可。要用食指敲门，力度适中，间隔有序敲三下，等待回音。如无应声，可再稍加力度，再敲三下；如有应声，再侧身隐立于右门框一侧，待门开时再向前迈半步，与主人相对。切不可不打招呼擅自闯入，即使门开着，也要敲门或以其他方式告知主人有客来访。

三、注意拜访的穿着打扮

一般的拜访穿着整洁、朴素、大方即可，不必太过华丽。蓬头垢面、衣冠不整是对主人的不敬。去庆贺喜事或是拜访老人、尊者就须更讲究些。

四、注意拜访的礼仪

1. 入门礼节

当主人开门迎客时，务必主动向对方问好，互行见面礼节。进门后，拜访者随身带来的外套、雨具等物品应搁放到主人指定的地方，不可任意乱放。对室内的人，无论认识与否，都应主动打招呼。对对方的问候与行礼在先后顺序上合乎礼仪惯例，一是先尊后卑，二是由近而远。如果你带孩子或其他人来，要介绍给主人，并教孩子如何称呼。

2. 入座礼节

在主人的引导下，进入指定的房间，切勿擅自闯入。倘若自己到达后，主人这里尚有其他客人在座，应当先问一下主人，自己的到来会不会影响对方。主人不让座不能随便坐下。如果主人是年长者或上级，主人不坐，自己不能先坐。主人让座之后，要口称"谢谢"，然后采用规矩的礼仪坐姿坐下。后来的客人到达时，先到的客人可以站起来，等待介绍或点头示意。

3. 做客礼节

主人递上烟茶要双手接过并表示谢意。如果主人没有吸烟的习惯，要克制自己的烟瘾，尽量不吸，以示对主人习惯的尊重。主人献上果品，要等年长者或其他客人动手后，自己再取用。即使在最熟悉的朋友家里，也不要过于随便。

在主人家里，不要随意脱衣、脱鞋、脱袜，也不要大手大脚，动作嚣张而放肆。未经主人允许，不要在主人家中四处乱闯，随意乱翻、乱动、乱拿主人家中的物品。

4. 告别礼节

起身告辞时，要向主人表示"打扰"之歉意；要对主人的接待表示感谢；要同主人和其他客人一一告别，说"再见"；出门后，回身主动伸手与主人握别，说"请留步""请回""再见"。待主人留步后，走几步，再回首挥手致意"再见。"

五、注意交谈内容

和主人交谈时，应注意交谈内容，切入主题，把握交谈时间。有要事必须要与主人商量或向对方请教时，应尽快表明来意，不要东拉西扯，浪费时间。

 **强化训练**

（1）拜访训练。学生 2 ~ 4 人一组利用课余时间到老师或亲朋好友家进行拜访。

①要有拜访目的（请教问题、社会调查、礼节性拜访等）；

②拜访结束后，每人都要写出详细的拜访过程；

③在教师的指导下，先情景模拟拜访过程，然后在全班进行总结。

（2）你去拜访朋友，在友人家中，好客的女主人给你端上一杯茶，正当你端起要喝时，却发现杯中有根头发。这时你该怎么办？应该怎么说？

拓展延伸

客套话与敬辞举例

初次见面说 [久仰]	分别重逢说 [久违]	征求意见说 [指教]	求人原谅说 [包涵]
求人帮忙说 [劳驾]	求人方便说 [借光]	麻烦别人说 [打扰]	向人祝贺说 [恭喜]
求人解答用 [请问]	请人指点用 [赐教]	托人办事用 [拜托]	赞人见解用 [高见]
看望别人用 [拜访]	宾客来临用 [光临]	送客出门说 [慢走]	与客道别说 [再来]
陪伴朋友说 [奉陪]	中途离开说 [失陪]	等候客人用 [恭候]	请人勿送叫 [留步]
欢迎购买叫 [光顾]	归还对象叫 [奉还]		

——怎样做一个热情好客的主人——

古人云："有朋自远方来，不亦乐乎。"广交朋友、礼貌待客是中华民族的传统美德。在不同对象、场合、形式的接待中，作为传递信息、交流感情的重要工具，作为礼节礼仪的重要组成部分，彬彬有礼、委婉得体的接待语言，能使客人如沐春风、如饮醇酒，体味到接待者浓浓的诚意、敬意与情意。然而，不善言谈的主人，往往在客人面前手足无措，使客人感到十分尴尬，这就需要我们掌握一些待客的方法和技巧。

体验分享

（1）请学生简要地介绍一下自己在家里招待过哪些客人，是怎么招待的？

（2）听了同学的介绍，让大家议议他们哪些地方做得好，为什么？

案例导入

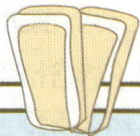

　　小芳是一个性格内向、做事谨慎，学习成绩十分优秀的女孩。在班里，她不喜欢与其他同学交往，能说上话的小伙伴更是屈指可数。家里来了客人，她会以最快的速度钻进自己的房间视而不见，更别提招待客人了。有一次，妈妈要在家里招待客人吃晚饭，饮料准备不足，需要到超市去买，临出门前，特意叫出小芳好好招待客人，陪客人说说话。而小芳却自顾自地坐到了沙发上，拿起遥控，打开电视，看起了节目，把客人晾在了一边，客人问她一句她答一句，场面十分尴尬。

分析与提示：

　　待客是非常好的学习口语交际的机会，家长如果能有意识地让孩子参与其中，如敬茶、端水果，这对培养孩子的社会交往能力、发展孩子良好的个性品质是十分有益的。案例中的小芳以自我为中心，不考虑客人的心理感受，缺乏与客人间的沟通交流，更谈不上热情大方了。我们在日常待客时，应该做到热情、主动，想客人之所想，急客人之所急，使客人有宾至如归的感觉。

教育策略

家庭待客分为迎客、问候寒暄、敬烟、敬茶、陪客交谈、送客等基本环节。

一、迎客的礼仪

　　如果你事先知道有客人来访，要提前打扫门庭，以迎嘉宾，并备好茶具、烟具、饮料等，也可根据自己的家庭条件，准备好水果、糖、咖啡等。客人在约定时间到来，应提前出门迎接。如果有客人突然临门，要热情相待，若室内未清理，应致歉并适当收拾，但不宜立即打扫，因为打扫有逐客之意。

二、问候寒暄的礼仪

见到客人，应热情招呼，女主人应主动上前握手。如果客人手提重物，应主动帮忙，对长者或体弱者可上前搀扶。进入室内应把最佳位置让给客人坐，如果客人是初次来访，应向其他家人或客人作介绍。主人要面带微笑，步履轻松，不能有疲惫心烦之相。

三、敬烟的礼仪

敬烟是我国家庭待客的一种习俗，是待客时不可忽视的礼仪。一般情况下，来客是男士，一落座马上敬烟。敬烟忌用手直接取烟，应打开烟盒弹出几支递到客人面前请客人自取；敬烟不能忘了敬火，若主人也会吸，应先客后主。一般不对女性客人敬烟。

四、敬茶的礼仪

要事先把茶具洗干净。在倒茶时，要掌握好茶水的量。常言待客要"浅茶满酒"。所谓浅茶，即将茶水倒入杯中三分之二为佳。

端茶也是应注意的礼节。按我国的传统习惯，应双手给客人端茶。对有杯耳的杯子，通常是用一只手抓住杯耳，另一只手托住杯底，把茶水送给客人，随之说声"请您用茶"或"请喝茶"。切忌用手指捏住杯口边缘往客人面前送，这样敬茶既不卫生，也不礼貌。

五、陪客交谈的礼仪

客人坐下，奉敬烟、茶、糖、果之后，应及时与之交谈，话题内容可因实际而定。一般来说应谈一些客人熟悉的事情，若无法奉陪客人交谈，可安排身份相当者代陪或提供报纸杂志、打开电视供客人消遣，切不可出现主人只管自己忙，把客人晾在一旁的现象。

六、送客的礼仪

客人告辞，主人应婉言相留。客人要走，应等客人起身后，主人再起身相送，家人也应微笑起立，亲切告别。不可客人一说要走，主人就站起来。若客人来时带有礼物的，应再次提及对礼物的感谢或回赠礼物，并不忘提醒客人是否有东西遗忘，或有什么事需要帮忙。送客应送到大门口或街巷口，切忌跨在门槛上向客人告别或客人前脚一走就"啪"地关上门。如果是初次来客，主人应主动指路或安排车辆接送，远方来客则应送至火车站、机场或码头，并说祝愿话或发出再来的邀请。

强化训练

（1）有位朋友到你家串门，天很晚了，你也很困，她却没有离去的意思。这时，你该怎么办？准备怎么说？

（2）情境模拟。以学习小组为单位，小组内的同学分别扮演不同的拜访角色，进行接待训练，要注意接待的礼仪。

（3）两人一组，在教室里进行打电话练习。话题可以从下面各项中选择，也可自拟话题。（有关电话接待的技巧可以参看拓展延伸部分的"电话接待的技巧"）

①学生向教师汇报实习情况，约定拜访时间；

②家长代生病的学生向班主任请假；

③毕业生举行老同学聚会，召集人通知同学参加；

④出国留学的子女在除夕晚上打电话给父母，互致节日的问候。

拓展延伸

一、古代待客礼仪八种

（1）**拂席**。擦去座席上的灰尘，请客人就座，以示敬意。

（2）**扫榻**。扫去榻上的尘垢，表示对客人的欢迎。

（3）**倒屣**。由于急于要迎接客人，以致把鞋子都穿倒了。

（4）**拥彗**。古人迎接尊贵的客人，常拿着扫帚表示敬意，意思是说，扫除清洁招待客人。

（5）**虚左**。空出车上左边的位子，迎接客人（古代乘车，以左位为尊）。

（6）**却行**。向后退着走，以表示对客人的尊敬。

（7）**侧行**。侧着身子前行，以表示对客人谦让。

（8）**避席**。离开座位站起来，以表示对客人的敬意。

二、电话接待的技巧

（1）及时接电话。电话铃响了，要及时去接，不要怠慢，更不可接了电话就说"请稍等"，撂下电话半天不理人家。如果确实很忙，可表示歉意，说"对不起，请过10分钟再打过来，好吗"。

（2）主动报家门。自报家门是一个与人方便、自己方便，且节约时间、提高效率的好方式。

（3）认真听对方说话。接电话时应当认真听对方说话，而且不时有所表示，如"好""是""请讲""不客气""我听着呢""我明白了"等，或用语气词"唔""嗯""嗨"等，让对方感到你是在认真听。漫不经心，答非所问，或者一边听一边同身边的人谈话，都是对对方的不尊重。

（4）如果使用录音电话，应事先把录音程序编好，把一些细节考虑周到。不要先放一长段音乐，也不要把程序搞得太复杂，让对方莫名其妙、不知所措。

（5）如果对方打错了电话，应当及时告之，口气要和善，不要讽刺挖苦，更不要表示出恼怒之意。

（6）在办公室接电话声音不要太大。接电话声音太大会影响其他人工作，而且对方也会感觉不舒服。

（7）替他人接电话时，要询问清楚对方姓名、电话、单位名称，以便在接转电话时为受话人提供便利。在不了解对方的动机、目的是什么时，请不要随便说出指定受话人的行踪和其他个人信息，比如手机号等。

（8）如果对方没有报上自己的姓名，而直接询问领导的去向，应礼貌、客气地询问对方："对不起，您是哪一位？"

（9）在电话中传达有关事宜，应重复要点，对号码、数字、日期、时间等，应再次确认，以免出错。

（10）挂断电话前的礼貌不可忽视，要确定对方已经挂断电话，才能轻轻挂上电话。

都市人待客新方式

第五节　怎样成功地进行赞美与批评

赞美与批评是人际交往中必不可少的交际手段。取得成绩时需要有真诚的赞美，犯了错误时需要善意的批评。赞美是鼓励，批评是督促，二者缺一不可。但是，在日常生活中，许多人却常常因赞美或批评的方法不恰当，引起一些不必要的误会，甚至是反目，造成与他人交往的困难。有的人千方百计，搜肠刮肚找出一大堆的好话、赞词，结果却事与愿违。有的人好心好意指出别人的缺点，诚心诚意想帮助别人，却遭到别人的反感、厌恶、甚至憎恨。须知，成功的赞美和批评是要讲究一定的技巧的。

——如何成功地进行赞美——

大千世界，芸芸众生，谁不希望得到他人的夸奖？谁不希望被他人赞美？喜欢听赞美似乎是人的一种天性。威廉·詹姆士曾精辟地指出："人性中最为根深蒂固的本性就是渴望赞赏。"成功的赞美，能给他人带来愉悦，能使他人受到鼓舞，不仅如此，赞美者也能从中获得快乐和幸福。如何准确地把握赞扬，使它们恰如其分、恰到好处，既能达到自己的目的，又能使他人乐于接受，这的确是一门艺术。

体验分享

（1）很多同学都熟悉《邹忌讽齐王纳谏》的故事，你认为故事中妻、妾、客三人对邹忌的赞美恰当吗？为什么？

（2）你是否习惯别人对你的赞美？听到别人对你的赞美后心情怎么样？

（3）你是否愿意经常赞美别人？为什么？

案例导入

对比以下两个案例，讨论分析我们应该运用怎样的赞美方式来赞美别人？

案例一： 珍妮是个总爱低着头的小女孩，她一直觉得自己长得不够漂亮。有一天，她到饰物店去买了只绿色蝴蝶结。店主不断赞美她戴上蝴蝶结挺漂亮，珍妮虽不信，但是挺高兴，不由昂起了头，急于让大家看看，出门与人撞了一下都没在意。珍妮走进教室，迎面碰上了她的老师，"珍妮，你昂起头来真美！"老师爱抚地拍拍她的肩说。那一天，她得到了许多人的赞美。从此，她每天都昂着头，越来越自信，学习也越来越带劲了……

案例二： 小刚本性善良，性格好动，但平时不遵守纪律，经常迟到、旷课，是个让老师"头疼"的孩子。最近，读了几位优秀人物的成长传记，特受启发，决心向他们学习，做一个懂事的好学生。今天他又是值日生，之前他已经好几次没做值日了，同学们对他都有意见了。今天，他决定独立完成做值日这个光荣的任务，让同学和老师对他刮目相看。打扫完卫生，小刚满头大汗地跑回教室，班主任已经到教室了，劈头盖脸地批评了他。当他小心翼翼地对老师说明原因后，老师说："今天太阳真是从西边出来了，你也知道做值日了。"同学们哄堂大笑。他又气又恼，决心从此再也不做值日了……

分析与提示：

对比以上两个案例，不难看出，面对同样的教育契机，不同的赞美方式会产生不同的效果。珍妮是个幸运的孩子，因为她遇到了一位好老师，帮她树立了自信，奠定了日后成功的基石。小刚就没有那么幸运，老师带有讽刺挖苦意味的赞美，给他如火的热情泼了一盆冷水，严重挫伤了自尊心，打击了积极性，可能会给他留下心理阴影，再也积极不起来了。

所以，赞美是门艺术，赞美也有技巧。案例二中，小刚已经有了想改正的动机，如果老师能抓住这一教育契机，在全班同学面前趁机赞美他，对他来说，那将是多么荣耀的事情啊！或许孩子的一辈子就这样被改变了。

赞美要有针对性，需自然、顺势，需具体、真诚。另外，要能够给对方渴望得到的那份赞美，还要多赞美那些不被注意的人们。案例一中，小珍妮是个不自信的孩子，是很多人的赞美让她找回了自信。在她很渴望得到赞美的时候，大家给予了配合，特别是老师的赞美，更是让她信心十足。

教育策略

一、善于捕捉赞美点

罗丹说过："对于我们的眼睛，不是缺少美，而是缺少发现。"人人都有自己的长处，都有自己的闪光点。有些人对他人很少赞美，一个重要的原因就是他们看不到他人值得赞美的地方。其实，只要细心观察，就不难发现值得赞美的内容。

（1）**外在具体的**。如：衣服打扮（穿着、领带、手表、眼镜、鞋子等）头发、身体、皮肤、眼睛、眉毛等。

（2）**内在抽象的**。如：品格、作风、气质、学历、经验、气量、心胸、兴趣爱好、特长、做的事情、处理问题的能力等。

二、赞美要适时

交际中认真把握时机，恰到好处的赞美，是十分重要的。一是当你发现对方有值得赞美的地方，就要善于及时大胆地赞美，千万不要错过机会。二是在别人成功之时，送上一句赞语，就犹如锦上添花，其价值可"抵万金"，考了好成绩，评上先进，受到奖励……这时，人的心情格外舒畅，如果能再听到一句真诚的夸赞，其欣喜之情可想而知。

三、赞美要适度

赞美尺度掌握得如何往往直接影响赞美的效果。恰如其分、点到为止的赞美才是真正的赞美。使用过多的华丽辞藻，过度的恭维、空洞的吹捧，只会使对方感到不舒服，不自在，甚至难受、肉麻、厌恶，其结果是适得其反。假如你的一位同学歌唱得不错，你对他说："你唱歌真是全世界最动听的。"这样赞美的结果只能使双方都难堪，但若换个说法："你的歌唱得真不错，挺有韵味的。"你的同学一定很高兴，说不定会情不自禁一展歌喉向你送上一曲呢！所以赞美之言不能滥用，赞美一旦过头变成吹捧，赞美者不但不会收获交际成功的微笑，反而要吞下被置于尴尬地位的苦果。古人说得好，过犹不及。

四、赞美要真诚

赞美必须要真诚，这是赞美的先决条件。只有名副其实、发自内心的赞美，才能显示出它的光辉，它的魅力。

其一，赞美的内容应该是对方拥有的、真实的，而不是无中生有，更不能将别人的缺陷、不足作为赞美的对象，比如，对一个嘴巴较大的人，你夸他："瞧，你的小嘴多可爱！"或对一个胖子说："呀，你多苗条！"还有比这更糟糕的赞美吗？这种赞美不但不会换来好感，反而会使人反感，甚而造成彼此间的隔阂、误解，甚至反目。

其二，赞美要真正发自肺腑，情真意切。不真心哪怕十张巧嘴，说出的赞美也有讨厌的"霉"味。要有实意，即使一个眼神，送出的赞美也含动人的"甜蜜"。言不由衷的赞美无异是一种谄媚，最终会被他人识破，只能招来他人的厌恶和唾弃。

强化训练

（1）大年三十，妈妈准备了丰盛的年夜饭，你看着一大桌的饭菜，准备对妈妈说什么？想一想再说。

提示：

妈妈，你今天做的菜可真好吃！

妈妈，你今天做的菜味道真美，不咸也不淡，正好！

妈妈，你做的菜越来越好吃了！

妈妈，你今天做的菜真香，我本来不想吃饭的，有了这道好菜，一碗米饭准不够！

总结：第一，具体赞美，虽然只是一句话。如第二位同学说的"味道美""不咸不淡"，这就不是笼统的夸奖。如果说到某一盘菜，就更好说具体了，比如红烧肉，比如炒韭菜等，就可以说味道怎么样，烂不烂，嫩不嫩，脆不脆等。第二，间接赞美，换个角度说。如第四位同学说的。比方我们赞美一位同学写的字好，你可以说他写得入体，可以说他写得匀称，可以说写得有力，但也可以不直接说字的本身，可以说："哟，这是你写的！你不说我还以为是请书法家替你写的呢！"

（2）听故事分析。

有一次，李世民指着一棵树说："此树很美。"一个大臣满脸堆笑连忙赞美："好树，确实是好树，枝是枝，叶是叶，树干又直，真是少见……"他还想赞美下去，没想到李世民变了脸色："哼！难怪魏征劝我疏远小人。我一直没悟出小人是谁，虽也疑心过你，但不曾证实，今日果然……"

请问这位大臣为什么说了赞美的话，却受到李世民的批评？

（3）情景模拟。

每个人都有各自的优点，你发现了吗？你发现你身边的人的优点了吗？现在请各位同学为同班的三位同学写一句赞美的话。这三位同学分别是：其一，你最要好的朋友；其二，你认为班中最乐于助人的人；其三，某一位班干部。

要求：在一张纸条上写上赞美的话，可以不写你自己的名字。写好后同桌互相朗读。可以先让全班同学去猜被赞美的这位同学是谁，然后再让听到赞美的同学谈谈自己的听后感。

✏️ **提示：**

赞美不是奉承，奉承人和赞美人是两回事。一个是虚情假意，说假话，企图不良。一个是发自内心，真心实意，说真话。

（4）对以下三种情况你该怎样赞扬？
①妈妈下班做的色香味俱全的菜肴；
②妈妈下班做的颜色好看但不好吃的菜肴；
③妈妈下班做的又不好吃又难看的菜肴。

✏️ **提示：**

赞扬要发自内心，符合事实。

（5）一位平时性格较内向、专业技能也较差的幼儿教师专业的学生，却在幼儿园实习期间，由于她的爱心、耐心、踏实肯干、认真负责赢得了园长对她的高度评价。请你作为这个班的班主任，在班级进行实习总结的时候，对这位同学进行赞美。

演练要求：①拟出提纲；②十分钟内完成。

📏 **拓展延伸**

一、赞美的力量

戴尔·卡耐基（1888—1955），美国著名成人教育家，被世人称为"第一代成功学大师"。卡耐基先生一生最大的贡献：帮助人更好地说话，更好地与人交往，克服忧虑和压力…… 提出了获得成功幸福与快乐的三大核心技能——表达能力、处世能力、承挫能力。

卡耐基小时候是一个公认的坏男孩。在他9岁的时候，父亲把继母娶进家门。当时他们还是居住在乡下的贫苦人家，而继母则来自富有的家庭。父亲一边向继母介绍卡耐基，一边说："亲爱的，希望你注意这个全郡最坏的男孩，他已经让我无可奈何。说不定明天早晨以前，他就会拿石头扔向你，或者做出你完全想不到的坏事。"出乎卡耐基意料的是，继母微笑着走到他面前，托起他的头认真地看着他。接着她回来对丈夫说："你错了，他不是全郡最坏的男孩，而是全郡最聪明、最有创造力的男孩。只不过，他还没有找到发泄热情的地方。"继母的话说得卡耐基心里热乎乎的，眼泪几乎滚落下来。就是凭着这一句话，他和继母开始建立友谊。也就是这一句话，成为激励他一生的动力，使他日后创造了成功的 28 项黄金法则，帮助千千万万的普通人走上成功和致富的道路。

你真棒

在继母到来之前，没有一个人称赞过他聪明，他的父亲和邻居认定：他就是坏男孩。但是，继母就只说了一句话，便改变了他一生的命运。

卡耐基 14 岁时，继母给他买了一部二手打字机，并且对他说，相信你会成为一名作家。卡耐基接受了继母的礼物和期望，并开始向当地的一家报纸投稿。他了解继母的热忱，也很欣赏她的那股热忱，他亲眼看到她用自己的热忱，如何改变了他们的家庭。所以，他不愿意辜负她。

来自继母的这股力量，激发了卡耐基的想象力，激励了他的创造力，帮助他和无穷的智慧发生联系，使他成为美国的富豪和著名作家，成为 20 世纪最有影响力的人物之一。

二、幼儿教师如何恰当地运用表扬

莎士比亚曾说："赞赏是照在人心灵上的阳光。"表扬是一种对孩子的思想和行为给予肯定的评价，使其优点不断得到巩固和发展的教育方法，恰当地运用表扬，对孩子区分好与坏、善与恶，提高是非观念起到直接作用，它能使孩子明白自己的优点与长处，并使之得到巩固与发展，还能使孩子得到精神上的满足和愉悦，从而更加努力上进。作为一名幼儿教师，应该注意应用以下的表扬技巧，来打开孩子的心扉，使他们长成参天大树。

1. 要善于发现幼儿的"闪光点"

虽然每个幼儿的个性特点存在差异，但他们身上都普遍存在着容易被忽视的可贵之处，即"闪光点"。对这些一"闪"而过的亮点，及时地表扬是对孩子积极向上的心理愿望的"助燃"，否则，它会因时间的推移而减弱。任何借口的拖延或遗忘（即使事后再想起）都会使孩子心灰意冷。因此，教师应善于挖掘幼儿的闪光点，并进行"热处理"和"助燃"，给予及时的肯定和表扬。并且具体表明，为什么要表扬，什么地方值得表扬。

2. 表扬要恰当适度

表扬要适度。言过其实的夸张称赞，会使被表扬的幼儿不能正确地看待自己，助长骄傲自满的思想，极易产生负面效应。因此，表扬语既不能言过其实，又不能轻

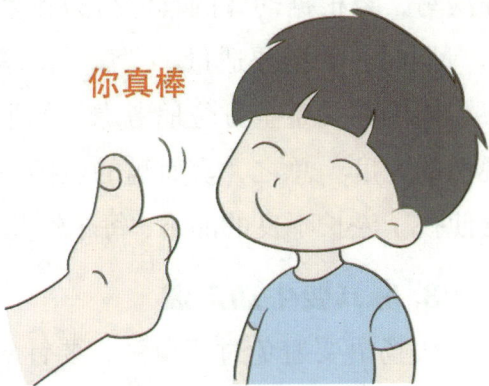

批评和表扬孩子的秘诀

描淡写，要根据幼儿的具体行为和表现，作出适度的鼓励性评价。

同时，表扬要适量。"量"的掌握，要从行为本身价值产生的效果与周围的关系全方位地考虑，如果缺少任何一方面，都会降低教师说话的力度。总之，多而滥的表扬，不但对孩子起不到教育作用，还会使孩子滋长不良的品格，每个幼儿教师都要注意，以便更好地运用。

3. 形式要生动活泼

表扬语要避免过于单一，要针对不同的情况，使用不同的表扬语，力求表扬形式多样化，使幼儿始终保持活跃的思维状态。除了教师予以正确评价外，还可调动其他幼儿参与表扬和激励的教育活动，使被表扬幼儿的优点、进步得到广泛的认同。一个会心的微笑，一个赞许的眼神，一个亲昵的拍脸动作，一次和老师的拥抱都可作表扬语的辅助形式。

4. 语态要真诚，语调要热情

孩子年龄虽小，对成人说话的语气、表情、动作还是相当敏感的。表扬语要避免语气平淡、语调平板，否则会削弱表扬的力度，甚至适得其反。

5. 表扬要因人而异

对多血质、胆汁质幼儿的表扬要多戴"高帽"，投其所好，直接明了，使其扬长避短；对黏液质、抑郁质幼儿的表扬要情真意切、活泼热情，辅助以体态语，使其树立自信心。

例如，一个性格内向的小男孩，每次画画都有畏难情绪，总是怯怯地说："老师，我不会！"为了让他树立信心，老师便带他先看看别的小朋友是怎么画的，告诉他怎么握笔，怎么画第一笔，甚至握着他的手帮助他画，他渐渐觉得画画并不太难，像"我不会"这样的话越来越少了，画面上内容也渐渐多了起来。在一次在"帮外婆烧菜"的美术活动中，他把"烧"好的茄子和青菜拿来给老师看了，老师马上表扬了他："哇，你这么快就烧好了两个菜，老师真想马上就吃，等你把菜全烧好，我和其他小朋友一起吃，好吗？"男孩非常高兴，继续认真"烧菜"。

三、什么时候表扬奖励

（1）幼儿完成了对他而言具有挑战性的任务时，教师应该给予表扬奖励。这样，有利于培养幼儿的进取心和自信心。

（2）幼儿以独特而有效的方式完成任务时，教师应该给予表扬奖励。这样，有利于培养幼儿的创造性。

（3）幼儿表现出了我们所渴望的亲社会行为、态度和良好的习惯时，教师应该给予表扬奖励。这样，有利于培养幼儿相应的行为习惯。

最值钱的本领

（4）当一个幼儿在活动中已经有内在动力的时候，就不需要奖励。

（5）教师不要仅仅表扬幼儿的成功，也要表扬幼儿的尝试和冒险。即使他们不成功。

（6）不要用事先许诺的表扬奖励来激励幼儿。

——如何恰到好处地展开批评——

"金无足赤，人无完人"，普天之下，孰能无过？批评之可贵，就在于它像一面镜子，及时反映他人的缺点和不足，帮助他人保持清醒的头脑，防微杜渐，不断进步。但是，良药苦口利于病，忠言逆耳益于行。批评往往是会令对方产生不快、感到心理压力的活动，没有人喜欢受到批评，涵养再高的人在内心也是讨厌被批评的。正因为如此，如果批评的方式不得当，就很容易给双方的关系和工作带来消极的影响。真正做到恰到好处的批评无疑是一门学问。

幼儿教师教育性说话

（1）你有过被别人批评的经历吗？谈谈你的感受。

（2）你批评过别人吗？你是怎么批评他（她）的？她的反应如何？

（3）你认为如何才能做到批评时的"忠言"也"顺耳"？

对比以下两个案例，讨论分析我们应该运用怎样的批评方式来批评别人？

案例一：A 在一家 IT 公司工作。公司规定计算机的 USB 接口必须封住，A 因为调试程序的原因，将 USB 接口打开，事后忘记封住。公司检查的时候发现了 USB 接口是打开的，因此，在 A 不知情的前提下，发邮件给全体同事对 A 进行了批评。A 感觉很难堪，回复邮件给全体员工，内容为"谢谢公司给我这个荣誉"之类的讽刺的话语。行政部门很生气，跟其上级领导沟通，让 A 写道歉信向全体员工认错；A 不得已，写了封道歉的邮件给全体员工；行政部仍不满意，公开邮件指责其认识不深刻等；A 很恼火，但是无奈，只能继续发邮件道歉，事情告一段落。过了一段时间，A 以回家工作为由，辞职离开了公司。

案例二：B 也在一家 IT 公司工作，对工作认真负责，并经常加班到很晚，因此晚上回家得比较晚，早上上班的时候经常会迟到几分钟。经理欣赏 B 的能力和精神，觉得 B 很自觉，有责任感，能力也很强，只是这些小事有点不注意，迟到这种情况持续久了会对公司制度产生不好的影响。于是，经理找 B 谈话，首先谈了工作，对 B 的能力和在工作上的成果进行了高度的肯定。最后，经理不经意地说了句"我对你还是挺重视的，也知道你平时上班比较辛苦，你看，你迟到公司都没扣你钱，事实上公司对上班制度很严格的"。B立刻意识到了自己的错误，并非常感激经理没有做出处理，且没有公布于众，维护了他的面子。自此，B再也没有迟到过，对工作的积极性更加高了。

分析与提示：

通过以上两个案例，我们可以看出，不同的批评方式会产生不同的效果。

案例一： 行政部要对A进行处罚是没有错的，但是其方法不对。第一，没有沟通就进行批评，且批评是公开的，这样让员工很难接受，因为A是因为工作才导致了USB松开的疏忽，站在他的角度来想，他认为自己因工作需要，尽力尽力的调试程序，结果出了这么一丁点疏忽就遭到公司的公开批评，心里很不平衡，于是导致了后来一系列的摩擦；第二，我们可以看出，行政部在处理这次事件的不足，他们忘了批评的目的，采取了一系列不顾员工感受的措施，结果不但没有达到批评的目的，反而因一件很小的事让公司失去了一位优秀员工，对公司也造成了不好的影响，这让员工觉得没有安全感，一点小事就可以导致离职。

案例二： 很显然，这个经理是个称职的管理者，他有好的心态，而且能了解B的特点，在B犯了错误的时候能看到其更多的优点。因此采取了这么一种委婉含蓄的批评形式，最终不但达到了目的，而且提高了B的积极性。

教育策略

一、常见的批评策略

1. 先称赞后批评

戴尔·卡耐基指出："当我们听到别人对我们的某些长处表示赞赏之后，再听到他的批评，我们的心里往往就会好受得多。"因为当我们听到别人赞赏的时候，会产生一种积极、愉快的情绪体验，在此心理状态下，再听到别人的批评或规劝，就比较容易接受。这就像一枚苦味的药丸，外面裹上糖衣，使人先感到甜味，容易一口吞下去，药物进入胃肠，才会发生效用，治愈"疾病"。比如有一位女打字员打字总是不注意标点符号，办公室主任很恼火，批评了多次也没有作用。有一天，主任终于想出了一条妙计，他对打字员说："你今天穿的这套衣服非常漂亮，更能显示你的美丽大方。"那位女打字员突然听到主任对她这样的称赞，受宠若惊，主任于是再接着说："尤其是你这排纽扣，点缀得恰到好处。所以我要告诉你，文章中的标点符号，也就如同衣服上的扣子一样，注意了它的作用，文章才会好看和意思清楚。"从那以后，那位女打字员改正了这一"久治不愈"的顽症。在日常生活中，我们也会用先表扬后批评的方式，例如"小张，你今天的表现整体不错，但是穿着这方面有点随意"这种转折的表达方式强调的是"但是"之后的批评，让听者感觉不舒服，缺少对主体的情感关怀；

换成"小张，你今天的表现整体不错，如果在衣着方面再讲究一点，那就更完美了！"这种假设的句式表达，强调的是条件的形成对主体的影响，带入了情感的关怀，能照顾主体的内心体验。所以，同样是先称赞再批评，也要注意说话的方式，用假设句比转折句更容易让受批评者接受。

2. 保全别人的面子

俗话说："伤树莫伤根，伤人莫伤心。"每个人都有自尊心，那些犯了错误的人尤其有很敏感的自尊心，对伤害其自尊心的刺激体验特别强烈。让他保住面子，这一点非常重要。这需要我们注意两个方面的问题：一是不要当众批评别人，尤其不要在大庭广众之下对他人横加指责，没有人会在这种情况下接受你的批评；二是不要揭短，要就事论事，千万不要由此事而将他人的其他缺点，一股脑儿全兜出来，这样做只会令人恼羞成怒。

3. 间接式批评

批评他人的缺点错误，采用间接提醒或隐性表达的方式，是一种迂回批评的方法，它不直接捅破别人的短处，不用批评的语气去强迫别人改正错误，而是用温和的语气提醒别人要注意改正自己的过错。这样不仅能够达到批评的目的，也会使彼此之间的关系保持融洽。比如，小张宿舍的一位室友从来不买生活日用品，什么牙膏、肥皂、洗发水总是毫不客气地用小张的，小张很生气，他完全可以把那位室友狠狠地斥责一番，但是他没有这样做。一天，小张趁宿舍只有他俩的时候，友好地对室友说："小李，我知道你学习任务紧，又要参加足球训练，挺忙的。我这人没什么别的爱好，空闲时间比较多，如果你不介意的话，我倒挺乐意给你跑跑腿，帮你把平常的生活用品买来。"室友一听，心里全明白了，在惭愧之余，室友自己买来了全套日用品。

4. 善用言外之意

采用隐性言语表达，运用"言外之意"，即言在此而意在彼，把自己的观点暗示给对方，由对方领悟出来。用这种方法进行批评可以让人保持自己的尊严，使人很容易接受批评改正错误。如：某生，上课老是迟到，经常与老师"夺门而进"，要么是"尾随而至"，因为只是迟到一两分钟，老师不好说什么，长此以往，某生成了"迟到大王"，同学们都称他为老师的"尾巴"或"跟班"。

一日，某生又姗姗来迟，与老师"狭门"相逢，就在他正要"夺门而进"时，被笑面相迎的政治老师叫住："某生，几点了，我的手表停了，还没上课吧？"

某生的脸"刷"地一下红了，只好偷偷地从后门溜进教室，从此再没迟到过。政治老师运用"明知故问"的方法不仅顾全了学生的面子，而且达到了批评学生、使其认识到自己错误的目的，可谓一箭双雕。

5. 语言幽默含蓄

幽默的语言可以巧妙、含蓄地揭露对方的缺点，不使人难堪，使人在笑声中受到教育。例如：有一对夫妻共同生活了几年，丈夫发现妻子在家务方面比较粗心；相反，对看电视、跳舞、读通俗小说之类的事倒越来越感兴趣，大量的时间用在这些"闲"事上。一天晚饭后，丈夫问妻子："晚上准备做点儿什么？""看电视呀，你没注意，连续剧演得正有趣呢！""看完电视呢？""琼瑶的一部小说还没看完，我想继续看完，我还要写一点儿感想。""这些事办完后，帮我做点儿事好吗？""好啊，什么事？""给我准备一双不带窟窿的袜子和一件不缺纽扣的衬衣。"妻子一听笑了，她认识到自己的错误了。这位丈夫可谓是极具讲话的技巧！他先耐住性子，等对方把缺点充分表现出来之后，再以委婉的口气将事实列举出来，使之与缺点相对照，产生强烈的反差，从而造成既好笑又有责备意味的幽默效果，使对方听后不觉刺耳，又容易接受。

6. 从自我批评开始

在批评他人时，先从自身谈起，谈谈自己曾经也做过类似的错事。这样说，一方面可以消除对方因做错事而产生的过度不安和悔恨，另一方面还可以为对方提供活生生的例子，使其能认识到错误的严重性；同时还可以给对方带来一种认同感，缩短与对方的心理距离，营造一种心胸开阔、坦诚相见的良好批评氛围，这样对方就能容易接受你的批评。例如：小峰学习不求精，总是一知半解。妈妈对他说："以前我上学时，也同你一样，上课时全听会了，可课后没认真复习，结果一部分知识遗忘了。天长日久，新的知识不断增加，就感觉到基础薄了。后来，我在课后及时复习。结果，我的成绩在全班名列前茅。"小峰的妈妈没有正面批评他，对他说应如何如何。而是举自己切身事例，让小峰自己领悟应该如何去做。承认自己的错误，即使错误还未得到纠正，也有助于说服别人改变行为。

7. 批评要因人而异

常言道："凡事有法而无定法。"批评他人也是同理。成功的批评固然有法可依，但是不变之法是不存在的。"尺有所短，寸有所长"，每个人理解和接受问题的方式都不一样。对性格豪爽的人可直来直去；对理智的人，应采用帮助他们查找个人不足促成自我批评的方式；对性格内向的人，应采用循循善诱的态度，耐心劝说，不可急于求成；对脾气暴躁的人，批评的方式应该间接、委婉，可旁敲侧击，曲径通幽。

二、对幼儿的批评

1. 为什么要对幼儿进行批评

对幼儿进行批评惩罚，就是教师对幼儿所表现出来的不符合教育者预期的认识或行为进行否定性评价的过程；也就是将幼儿的不良行为与某种不愉快的或惩罚性的刺激结合起来，多次重复配对出现，使幼儿以后在类似的情境或刺激下，降低该不良行为的发生频率，甚至消除这一行为。批评惩罚是纠正和防止幼儿不良行为或行为问题的一种重要手段。

2. 什么时候对幼儿进行批评

幼儿犯错误要及时批评，进行纠正，但是，教师也要注意批评的时机，什么行为可以批评？什么行为即使错了，也不能批评，以下情况供大家参考：

（1）违反道德规范的行为。例如骂人、撒谎等。

（2）重复地犯同样的错误时才给予惩罚。

（3）幼儿已经认识到所犯错误的原因，并有悔改的意愿，教师就不要再惩罚幼儿，因为惩罚的目的是要使幼儿知错、改错。

（4）幼儿因探索欲望的驱使而损坏物品，不应受到惩罚。例如，幼儿对教师的科学实验的教具感兴趣，在接触的过程中不小心摔坏了，这种情况教师要先安抚，询问情况，然后进行引导教育，而不是直接批评。

（5）对好心做了坏事的幼儿不能惩罚。

（6）对幼儿表现出来的一些心理或行为问题不能批评。有些幼儿有多动症，不能自控，对这种幼儿的行为错误，不能批评。

3. 怎样对幼儿进行批评

对幼儿进行批评，不同于对成年人的批评，一定要谨慎：幼儿的身心发育不健全，教师语言如果过激，将会给幼儿身心造成很大的伤害，因此严禁语言暴力。联合国《儿童权利公约》规定，儿童应免受任何形式的暴力。暴力包括身体的暴力、性暴力、精神暴力和语言暴力。语言暴力是指使用谩骂、诋毁、蔑视、嘲笑等侮辱性的语言，致使他人的精神和心理遭到侵犯和损害的一种行为。教师的否定性语言使缺乏判断力的幼儿变得自卑，怀疑自己的能力，缺乏自信，甚至自我封闭；也会打击一些幼儿的探索欲和主动性，使幼儿变得缩手缩脚，妨碍他们自主性的发展；也会使一些幼儿失去对某些活动的兴趣，使他们的潜力、特长得不到充分的展现和发展。

教师如果要批评一定是因为"爱"、因为"教育"而做出的行为，如果能够达到教育幼儿的目的，甚至可以不用批评。如果批评幼儿，需要注意以下几个要点：

（1）批评惩罚幼儿要一事对一事，不要翻旧账。

（2）批评惩罚幼儿要重责其事，轻责其人。

（3）要让幼儿知道受批评惩罚的具体原因，不要笼统模糊。让幼儿明白所犯的过失和后果之间的联系。告诉幼儿正确的做法。

（4）要尊重幼儿，保护自尊心，不要挖苦、讽刺、嘲笑幼儿。

（5）对幼儿多用建议性指导代替批评。例如，幼儿用杯子接水喝，在回座位的路上洒了，这种情况可以给幼儿建议："下次可以少接一点水，就不会洒出来了。"

强化训练

（1）比较下面两种说法，你认为哪种更恰当？

一个老师对一个学生说："你这学期的成绩有所提高，我真为你高兴，但如果你对英语不偏科，在上面多下点儿功夫，那会更好的！"

另一位老师也对学生说："你这学期的成绩有所提高，我真为你高兴。如果你下学期继续认真努力，那你英语成绩会像其他科目一样好的。"

提示：

许多人喜欢用先褒后贬的批评方法，其实这样不一定都会产生好的效果。如对于第一个老师的表达，学生在"但是"之前是接受的，但在"但是"之后他就会开始对老师表扬的诚意产生怀疑了，从而引起反感。这样就达不到我们批评的目的，并且让别人产生曲解。而对于第二个老师的表达，学生会欣然接受。所以，在批评别人时，尽可能把语句中的转折关系改成递进关系，这样效果会更好。

（2）唐飞最近一阶段上课情绪低落，经常走神，课下沉迷在网络游戏中不能自拔，成绩下滑严重，假如你是他的班主任，你打算怎样与他谈话？分小组讨论，并进行情景模拟训练。

（3）中午休息时间，厂长看见几个工人在写着"严禁吸烟"的警告牌下抽烟。厂长走过去，友好地递上几支香烟给那几个工人，说："诸位，如果你们能到外面去抽掉这些烟，我真感激不尽。"请问，这位厂长采用了什么样的批评方法？这种做法有什么好处？

（4）张宏是你的同班同学，他上课经常迟到，作为他的组长，你怎么批评他呢？

（5）你正组织幼儿进行"认识螃蟹"的活动。当螃蟹被展现在幼儿面前时，许多幼儿开心得手舞足蹈，活动室里的气氛沸腾起来，许多幼儿不由自主地聚拢到螃蟹周围，争先恐后地欲先睹螃蟹为快。活动室立即乱了起来，此时，作为老师，你是批评还是赞美？若是批评，该怎样批评？若是赞美，该怎样赞美？

拓展延伸

忠言不必非要逆耳

在平时的待人处世当中，直言直语是一把伤人伤己的双面利刃。直言直语的人，通常都具有正义倾向的性格，言语的爆发力和杀伤力都很强，所以在有些时候这种人就很容易被别人当枪使。对人方面，少直言指责他人处事不当，或纠正他人性格上的弱点。无数个事实证明，这不是爱之深、责之切，而是在和他过不去。每个人都有一个内心堡垒，自我缩藏在里面。你的直言直语恰好把他的堡垒攻破，把对方从堡垒里面揪出来。所以，在这个时候，你要学会巧妙地拐个弯来说这个事情，正所谓"忠言不必非要逆耳"嘛！

在我们古代历史上，魏征就是一个敢于犯颜直谏的忠臣，唐太宗把他当成自己的一面镜子。然而他往往出言不逊，在有时候时连有"广开言路、虚心纳谏"之美名的唐太宗也难以接受。曾经有一次，唐太宗最喜欢的小女儿即将出嫁，其嫁仪排场非要超过大女儿不可。为此魏征在朝廷上直谏，结果龙颜大怒。太宗为此到后宫见到长孙皇后发怒道："总有一天要杀掉这个乡巴佬。"皇后问是谁，太宗说："魏征当众侮辱我。"皇后不敢多言，立即换上朝服煞有介事地向太宗祝贺："古语说得好，'君明臣直'。魏征的直是陛下英明的缘故，妾特向陛下祝贺。"听完皇后的这一番话之后，太宗这才消了气。显而易见，魏征虽敢直谏，但其逆耳的忠言差点失掉了自己的性命，而长孙皇后婉转的言语却使得唐太宗转怒为喜。

还有一个故事，春秋战国时期，齐景公爱鸟，为他管鸟的大臣不慎让鸟飞跑了。景公大怒，欲杀之。晏子见状，便立即顺着景公说："先别杀，让我公布了他的罪状再杀不迟。"于是，晏子就说此大臣罪有三条：放飞鸟是罪一，因为放飞鸟而使国君杀人是罪二，因为国君杀人而使人们形成国君重鸟而轻士的印象是罪三。景公听罢之后，顿时感到十分惭愧，连称："寡人闻命矣！"随即就放了要杀的大臣。从这里我们可以看出，齐景公此次所以能知过改过，实在是晏子委婉提出的忠言起了重要作用。其实，从某种意义上来讲，在批评指责对方的时候，可以委婉地提出，让忠言也变得不逆耳，让其更容易接受！

巧妙迂回，责己谏人　　　　　　　　　　　幼儿教师如何巧妙地运用批评

第六节　怎样顺利通过求职应聘的面试难关

任何人都想得到一份称心如意的工作，而要得到一份好的工作不是一件简单的事情，要经过一系列的准备步骤。其中最重要的环节是面试。面试是人才录用考试的一种基本形式，来考察应聘者的仪表、气质、性格、谈吐、思想观念、能力水平等素质状况，从而做出录用与否的决策。对于应聘者来说，这既是自我展示、自我推销的机会，也是加深对用人单位（岗位）的了解，以作出明智抉择的过程。在面试中如何通过谈话和回答使自己能被对方接受而获得想要的工作，即如何有效地推销自己是很关键的。

体验分享

（1）你有过面试求职的经历吗？感受如何？

（2）在面试过程中，你认为自己应该注意什么？

案例导入

某校毕业生小张、小王同去某公司参加招聘面试，他俩的学历与所学专业相同，而小张的学习成绩与专业技能比小王略胜一筹。当该公司人事部经理表示这份工作有相当难度，需要有一定的工作经验，问他们能否胜任时，小张说："本人刚刚毕业，毫无工作经验，不知道能否胜任，但我愿意尝试一下，或许能够逐步适应。"小王说："我虽是刚毕业的学生，还缺乏实际工作经验，但我学的是相关专业，具备了较好的专业基础知识，也经过一段时间的实习，只要虚心向老同志学习，勤奋努力地工作，相信我能尽快缩短适应期，胜任这份工作。"结果，小王被公司录用了。

分析与提示：

在上面的面试交谈中，小张的回答虽然坦诚、谦虚，但语意含糊、模棱两可（如不知道、或许等词语），给人以缺乏勇气与自信的印象，未被录用也是情理之中的事情。相反，小王的回答不仅恰如其分地介绍了自己的优点与专长，表露出了能够胜任所应聘岗位的自信；而且面对自身条件的不足，他也表现出了在今后的工作中边干边学、虚心求教、不断进取、完善自我、做出成绩的意愿与信心，从而给招聘者以有朝气、有潜力、有进取精神的良好印象，被录用是自然的事情。

教育策略

一、树立正确的求职观念

1. 树立自己的求职目标

求职者在面试前必须首先清楚自己的职业方向，明确自己的奋斗目标是什么。目标明确了，就会激励你努力地去为目标而奋斗，积极地创造条件实现目标，当然包括你会很珍惜每一次推荐求职的机会，认真地去准备每一场面试。

2. 要有良好的心态

对每一个求职者来说，他们都希望找到一个能发挥自己特长、待遇很高的工作。然而，在实际择业的过程中，这样两全其美的事情确实难找。这其中的原因很多，但有一个很重要的原因就是，求职者没有一个良好的心态，盲目追求条件，这样很容易误入歧途，错过求职良机。

良好的心态还表现在如何面对面试失败的问题。一次失败后，重新来；两次失败后，又重新来；三次后呢？求职是一个较长的过程，缺乏耐心和信心，缺乏面对失败的勇气，缺乏良好的心态去吸取经验教训，表现将会越来越差。

3. 正确评价自己

这个问题看起来似乎很简单，但其实不然，一般的人往往会过高估计自己，很多求职者因未能正确地估计自己而在求职场上落败。在市场经济发展迅速的今天，能受用人单位青睐的，正是那些具有丰富的专业知识和较强的实际能力的复合型人才。所以，求职者在求职前先要进行自我

评价、自我选择。正所谓："知己知彼，百战不殆"。

在正确评价自己时既不要妄自菲薄，又不能夜郎自大。

一方面，从自己所具有的知识结构来选择对口的职业。俗话说"隔行如隔山"，对那些自己不熟悉的事物，即使自己很努力，也往往是收效甚微。

另一方面，了解自己的性格、爱好及知识结构类型，选择自己感兴趣的、合乎个性的职业。你想当个教师，那你是否热爱学生，能否有较强的语言表达能力？你想做个业务推销员，那你能否具有那种胆量与耐心？你想当一名编辑，那你是否具有较强的文字组织能力和文字处理能力？从个人选择职业来说，求职前要正确地认识自己，而从单位选择人员的角度来看，求职者更应在正确估计自己的情况下去求职。

4. 了解招聘单位

所谓"知己知彼，百战不殆"，对求职而言，"知己"就是正确评认识自己，而"知彼"则是了解求职的单位。你可以通过多种渠道去了解该单位的相关情况，甚至通过熟人介绍与单位内的员工进行交谈，以此增加对用人单位的了解。通过了解，可以减少盲目性，打好应聘、择业这一"仗"。此外，通过对应聘单位的了解，也可以让自己在回答诸如"你为何想到我单位服务"一类的问题，给对方一个满意的回答。

对招聘单位的了解，不只是简单了解它的福利待遇，而是全面了解它，最好能把握以下几点内容：

（1）这个单位有何优势和劣势？

（2）这个单位的发展方向如何？

（3）这个单位的主要竞争对手是谁？

（4）这次招聘的主要原因是什么？

（5）招聘单位对自己应聘的职位有何要求？

二、准备好有关的材料

1. 自荐信

现在，大学生找工作处在"供大于求"的环境下，并不是每个求职者都能获得招聘单位面试的机会，守株待兔的成功概率很低，所以，主动出击，投寄自荐信能为求职者赢得机会。

自荐书范例

自荐信不是简历，是求职者出于对求职单位的礼貌而设，也是对简历的补充和概述。一份个性鲜明的求职信能够给用人单位留下深刻的第一印象，也可以为求职者树立良好的个人形象。

2. 简历

简历是一张浓缩人生精华的名片，它介绍和展示着一个人的最主要的人生经历。简历是进入职场的"敲门砖"，是求职者找工作时的最主要工具之一。简历主要包括以下几点内容：

（1）个人概况，包括姓名、性别、年龄、学历、专业和求职意向等。

（2）学习经历，包括第一学历、教育背景、最高学历、最高学历学校、所学专业、学习时间；第二学历学校、所学专业、学习时间、教育情况等。写作时，可根据招聘的要求，注明所修专业的成绩、在校时所参加的组织活动、获奖情况等。

（3）个人能力，包括外语能力、电脑能力、组织协调能力、实际工作能力等。

（4）工作经历（经验），包括在校时所从事的学生管理工作及担任的职务、兼职情况和从中获得的经验等。

求职信的写法

（5）联系方式，包括住宅电话、手机号码、E-mail、通讯地址、邮政编码等。

3. 其他材料

其他材料包括成绩单、推荐表（信）、等级证书、获奖证明材料等。

三、塑造良好的个人形象

1. 服饰的选择

关于求职的服饰，有一句过来人的话很值得我们借鉴——"你不可能因为戴了一条领带而取得一个职位，但可以肯定你戴错了领带就会使你失去一个职位。"

求职者面试时服饰总的要求是：着装合体，化妆适当；款式、色彩应该与求职者的年龄、身份、气质、形体相协调；应该注重和突出服饰与所求职业的特点相适应，给人一种鲜明的职业形象的感觉。

女士求职时的服装一般以西装套裙为宜，这是最通用、最大方的着装。为了突出你的气质而不失职业礼仪，可选择西装套裙或单裙加一件配色的衬衣，这样会使你看起来显得幽雅而自信，会给对方留下良好的印象。当然，鞋子的颜色、款式和衣服要相配，最好选择中跟鞋，这样既结实又能体现职业女性的尊严。去面试时尽量少戴饰物，必要时可带一个公文包或精致的手袋。另外，化一个素淡、自然的妆去面试，会让你更加自信。

2. 面试时应注意的礼仪

（1）仪容端庄，服装整齐。

（2）要准时到达面试地点，不要迟到。

（3）进入房间一定要先敲门，经允许后，才轻轻推开门、进入室内，同时，要轻轻带上门。

（4）进入会场均要显得有礼，主动向面试官及在座人员打招呼问好。

（5）切莫主动与会场上的人握手，除非面试官先伸出手与你握手。

（6）入座时要轻缓，未经邀请时，切勿自行坐下，经邀请后要表示感谢。

（7）坐椅子时，坐姿要端正，表情要自然。

（8）当别人为你倒茶时，应站起来双手接杯，表示谢意。

（9）听话时目光要始终注视问话人，不可东张西望；倾听后要用微笑、点头或应答表示领会。

（10）不可心不在焉，不能随意翻动自己的文件、面试官的资料或自己随身携带的手袋等。

（11）不可随意打断面试官的问话，要有耐性等面试官把话说清楚再作答。

（12）不可争辩，不要随便插话、答非所问或随便发问。

（13）面试结束后，要表示答谢，在面试官示意后，方可走出面试现场并致谢告辞。

四、面试常见问题的回答策略

1. 个人本身的问题

（1）**请介绍一下你自己。** 这是最常见的考官对应聘者的第一个要求，是一个典型的开场白。几乎每次面试都会因应聘者回答质量的好坏，直接影响整个面试的成败，应聘者一定要简洁清晰地表达，争取给人留下良好的第一印象。回答时，心中应该牢记以下几点：

第一，主题突出，回答的重点应放在工作业绩、专业水准、自己的特点以及潜在能力和发展方向上。要突出积极的个性和做事的能力。绝对不要说一大堆跟工作无关的琐事。很多人在面试时的自我介绍都以自己叫什么名字、什么学校什么专业毕业开始，这样的自我介绍太模式化、学生气了，不如开始就说自己是来应聘什么岗位的，有什么优势，不要让对方感到有太多的学生气。

第二，尽量用实例来证明自己所说的情况，可举出一些特殊的例子，并强调过去的成绩。

第三，言简意赅，一般不要超过三分钟。

第四，回答完之后，随即询问考官，是否还需要补充其他方面的情况。

（2）**谈谈你的优点和缺点。** 求职者一般对此问题都事先有所准备。最好从自己的优点说起，中间加一些小缺点，最后再把问题转回到优点上，突出优点的部分。如果考官问你："你认为自己有什么缺点？"要注意，这个问题可以被理解为：给我一个不录用你的理由。任何人当然都不希望贬低自己，以下几种回答方法都不错，一种是："我不愿意看到失败。"要作正面的诚实回答，从而把自己的弱点转变成优点。另一种办法是："我性格外向，非常热情，但有时却不容易与那些性格内向的人相处。"你还可以说："我有时对别人的要求过于苛刻。"避免讲自己小心眼、爱嫉妒人、非常懒、脾气大、工作效率低，大家都怕用这样的人。

（3）**你能与人融洽相处吗？** 一般单位都希望自己的员工很好地融入集体，富有团队合作精神，因此既然你来面试，对这样的问题当然不能作否定的回答。可以选择的一种回答是："我好像还从没有与我无法相处的人共事过。"

（4）**你有过打工的经历吗？** 所有用人单位对有工作经历的应届毕业生都一致看好，无论参与过什么样的工作。一家就业服务机构的负责人说："读书时期有过工作经历的人容易与人相处，他们会更好地安排时间，更务实，而且更成熟，与我们有更多的共同语言。"回答这个话题的通病是：为了显示自己什么都干过，所以往往流于简单罗列干过的种类，给人留下的印象不深。其实只要拣一两个有趣的事情讲一讲就很好。另外，不要单纯讲打工的经历，而应讲从打工中得到了什么。用人单位比较感兴趣的是你通过打工所掌握的工作技巧。因为这种技巧只有经历过的人才会知道，而这些技巧会对将来的工作很有帮助。因此，在回答这个问题时，不要泛泛而谈，简单讲讲打工所获即可。在回答时，最好加上这样的内容：企业就是要创造利润，个人要更有效率地工作，遵章守纪，尽全力完成工作。总之，无论你的暑假工作多么微不足道，都要将其视为自己的一段工作经历。

（5）**能谈谈你的业余兴趣和特殊爱好吗？** 回答这些问题时要注意以下几点：回答时要充满热情；讲明你喜欢所提及的活动的原因；一般找一些富于团体合作精神的活力向上的爱好活动来说比较合适。有一个真实的例子：有人被否决掉是因为他的爱好是深海潜水。主考官说：因为这是一项单人活动，我不敢肯定他能否适应团体工作。谈动力项目比谈读书更有利。

如果可能的话，谈谈你的业余爱好或所阅读的书籍是如何给工作带来益处的；重点指出影响你个人成长的电影或书籍。

（6）**在通常情况下，你如何对待奖励或批评？** 其中如何对待奖励是比较难于回答的。你可以说："坦率地讲，像大多数人一样，我喜欢受到表扬，它能使我有动力更加努力地工作。"当回答你如何对待批评时，可以说："我知道自己并不是一个十全十美的人，我愿意接受建设性的批评意见，因为这样我可以不断完善自己。"

（7）**你心目中的英雄是谁？** 最好的答案是你的朋友或者家人，尽量避免说及名人。

（8）你是不是还打算继续学习？这个问题可能还隐含着："你能在这里干多久？"或"你是否打算跳槽？"

现在的单位，最怕有能力的人跳槽，但如果回答不打算继续学习了，又会给人不求上进的印象，遇到这样的问题最好表明态度：如果能得到这份工作希望能在岗学习新的技能。这样的回答很有用，尤其当你是热门专业的高才生，用人单位怀疑你可能跳槽的时候。

（9）你的长远目标是什么？几乎所有初级求职者都会落入圈套，回答"成为管理阶层"，因为他们自以为可以以此表明自己的雄心斗志。然而这样的回答可能会立即引发大多数应届毕业生无法回答的一系列问题：管理阶层的定义是什么，一个经理的基本责任是什么，管理人员需要具备什么样的素质，等等。

比较保险的回答应该先说明你要发展或进取的专业方向，并表明你脚踏实地的工作态度。一般面试官都不太喜欢好高骛远、还不会走就想跑的人，因此目标要谈得实际，不能太高、太空、太离谱。另外，你还可以达到的短期目标，说明这些短期目标将如何实现长期目标，并解释你想得到的职位是如何有助于这些目标的实现。回答这些问题要尽量表现得踌躇满志。

面试通过

（10）你想过自己创业吗？这个问题可以显示你的冲劲，但如果你的回答是"有"的话，千万小心，下一个问题就可能是"那么为什么你不这样做呢？"。

2. 与求职单位、求职目标相关的问题

（1）请谈谈你为什么选择我们单位？回答这个问题，常见的有以下几种情况：

第一，我觉得我在学历、工作经验、工作能力等方面很符合贵单位的招聘条件，所以我认为自己能胜任贵单位的工作。

第二，我一直想找一个称心的地方，听说贵单位待遇不错、薪水又高，所以我来了。

第三，贵单位实力雄厚、条件优越，如果能到贵单位谋职，与你们合作，将是我一生最大的满足。

第四，我听说贵单位刚刚起步时只有几十个人，能发展到今天全在于贵单位领导有方，管理得法，职工们团结一致，艰苦创业，勤勉工作，我就喜欢在这样的环境中锻炼自己。

这类问题主要是用人单位想了解、考察应试者的动机与愿望。主考人员当然很重视了解考察应试者的应聘目的和个人抱负，以便把握应试者对用人单位和工作岗位的熟悉程度以及对前途的

打算等。在以上这四种回答中：第一种直言不讳，但言语中流露出自命不凡的心态，容易引起反感；第二种贪图享受实惠，见异思迁，效果最差；第三种能表明自己的强烈愿望，以情动人，对考官有一定的诱惑力；最后一种从单位创业之艰难切入话题，委婉赞美而不恭维，效果最好。因为用人单位更关心的是应试者是否对未来工作充满激情，而不仅仅是为了一个饭碗而来应聘的。虽然工作待遇的高低是选择职业时要考虑的因素，但不应是最重要或唯一的，尤其是在面试中应试者更不能将薪水作为竞争应聘的标准。

（2）**你对我们单位有什么了解？** 回答这类问题，如果说"不了解"，当然是不行的，你到一点都不了解的公司面试只能说明你的轻率和对该公司的不关心，又怎能通过面试呢？如果回答说"了解"，了解到什么程度？因为接下去就会被问及一些诸如"在什么地方，有什么产品，销售额为多少"等十分具体的问题了，回答不上或回答不完整，岂不难堪？因此对这类问题，需要事先做好准备，最好掌握具体的一些实际数字。如果没有十分的把握，可以说："就我所知而言……"尽量给面试官一个满意的回答。

（3）**谈谈你对所应聘岗位的了解。** 在专业化日益增强的今天，通常，各个岗位在责任、权利、利益、分工、合作、技能、技巧等方面，都有明确的要求，而且往往是区别于其他岗位的，每个岗位都有其对员工的特殊要求。因此，"万金油"式的应试者越来越不被看好。所以你切不可说"我能干这也能干那"，而应明晰在管理的半径、层面、空间上是有着很大差别的。该岗位需要的所有内容，正是面试官想从你这里听到的。

（4）**除本单位外，你曾经应聘过其他单位吗？** 对此，如果回答"没有"，在当今双向选择的条件下，似乎令人难以置信。因此，无论该单位是否是你的首家应聘单位，均可回答"应聘过"，但要加以说明。不妨这样回答："应聘过，但根据我个人的专业及性格特点，我认为在所有应聘岗位中，现在我所应聘的工作岗位，最能发挥我的专业和个人特长，也最有可能为公司做出较大贡献。因此，如果能够被贵公司录用，我会毫不犹豫地加盟贵公司。"这里，一定要让考官感觉你对目前岗位百分之百的满意，而且让其感觉你加盟其团队的决心是真诚的。

（5）**你对琐碎的工作是喜欢还是讨厌？** 这个问题是个两难问题，若回答喜欢，似乎有悖现在知识青年的实际心理；若说讨厌，似乎每份工作都有琐碎之处。因此，按普遍心理，人们是不愿做琐碎工作的（除非特殊岗位，如家庭钟点工），即考官明知此而又问，我们可以推测出其醉翁之意不在酒，而在"工作态度"。我们可以这样表述我们的态度，"琐碎的事情在绝大多数工作岗位上都是不可避免的，如果我的工作中有琐碎事情需要做，我会认真、耐心、细致地把它做好。"这句话既委婉地表达了大多数人的普遍心理——不喜欢琐碎工作，又强调了自己对琐碎事情的敬业精神——认真、耐心、细致。既真实可信，又符合考官的用人心理。

（6）这份工作要做好不容易，你自信能做好吗？ 如果想得到这份工作，当然不能说自己做不好。但最好也不要马上就说："是的，我自信能做好。"可以先请主考官描述一下他所指的"不容易"具体指什么，然后告诉对方，困难对自己绝对不会构成问题。还可以告诉对方，自己在困难中表现多么杰出；自己有信心找到方法克服这些困难。如果可以举出一两个实例支持你的论点将更好。你也可以这样回答：我觉得对青年人来说有压力不是坏事，困难的环境更能锻炼自己。

（7）你愿意到最基层去吗？ 回答这个问题当然不能说不愿意，否则面试很难进行下去。但有时简单回答愿意，而不强调自己一定要向高层次发展，对方可能又会觉得你将会碌碌无为，即使在基层，无上进心也不能很好地完成工作。因此回答时可以说："如果有需要，愿意从最基层做起，向自己的理想目标前进，将尽最大努力去争取最适合自己同时对单位有益的工作，并且能做好。"现在倾向于从内部培养提拔人才的企业越来越多，一个要委以重任的员工，领导希望他在各个工作岗位上都干过，对公司有个全面了解，对公司忠诚度比较高。

（8）你想有个什么样的领导，你过去的领导是个什么样的人？ 很明显，应聘者根本无法选择领导。那么，既然不能选择领导，在回答这样的问题时也就只能从原则上讲了，比如希望领导能具有专业水准、能以身作则、能平易近人、能指点迷津、能用人不疑、能扬长避短、能有些人情味、能给员工发展的空间等。不能提好多项，最多两三条。千万别贬低过去的领导，可以提一下他的长处。

（9）你期望的工资是多少？ 除非你是对方急需的人才，一般让你去"面试"的单位是不会与你在此有很大的谈判余地的，也就是说，你只能按照其薪酬标准行事。因此，没有必要大谈特谈你的薪酬理想，直接说出某一价位也是非常不妥的，这样的问题最好不要正面去回答，可以这样说："我相信贵公司的薪酬体系是合理的，我凭自己的能力能够得到一份合理的薪酬。"如果对方一定让你说出一个价格，你可以诚恳地表示你不太了解对方单位的薪酬体系，不过根据寝室里几个同学目前的情况，月薪大致在多少范围。这样表现出你很务实，而不是漫天要价，也体现了你的修养和对对方的尊重。应聘者对自己、对公司均充满信心，而且在个人报酬问题上把公司利益（经营业绩）和个人贡献置于首位，这正迎合了公司领导的用人心理。虽未明确点名薪水具体数目，但给领导和自己均留下了足够的回旋空间。

（10）你好像不适合到我们单位工作。 如果被问到这样的问题，首先应该检查自己在表达过程中的不足，然后可以在此表达自己求职的愿望。例如，可以这样回答："可能我在刚才的陈述中没把问题谈清楚，引起了您的误解。其实我对贵公司非常尊重，对公司业务也有一些了解，我想在贵公司经过一段培训和工作后，是能够达到贵公司要求的，请务必再次考虑录用的问题。"千万要注意不能反问对方提出此问题的理由，如果这样，便颠倒了考与被考的关系，面试就无法继续下去了。

强化训练

（1）如果你应聘某幼儿园的"幼儿英语教师"职位，你怎样向招聘者说明你有很强的"业务能力"？

（2）一家日资公司的总经理在接见一位女应聘者的谈话中，试探地问："我们公司的优秀员工有机会去日本学习甚至长期去工作，你希望得到这样的机会吗？"如果你是那位应聘者，你会怎样回答？

（3）模拟相关专业的用人单位招聘面试的情境，分别扮演招聘者与应聘者。"招聘者"要用各种方式向应聘者提问，应聘者要做一段两三分钟的自我介绍。

提示：

可以从性格、专业、能力等方面说明。

（4）模拟某幼儿园招聘幼儿教师的"面试"情境：幼儿园园长表示，应聘者其他方面尚可，但对其成绩单上一门专业课成绩不合格表示不满意，不考虑录用。而应聘者认为，这并不影响自己成为一名出色的幼儿教师。双方各陈理由。请分别扮演幼儿园园长、应聘者进行交谈，看看交谈的结果会怎样？

提示：

专业课不及格是一件不好的事，在应聘时可以找一个类似发挥失常的借口，同时一定要表示如果有机会再考一次的话肯定会考好的决心。

（5）著名学者卡耐基在谈及自我推销时，有一句名言："推销自己必须培养个人风格。没有风格，你只是芸芸众生中的一个。""风格是你的经验与感受的综合品，是你引起别人注意和重视的捷径。"下面是一组在招聘面试场合中，主试者与应聘者的对话，这些应聘者的应答，或俏皮谐趣，或坦诚率真，或果敢自信。试分析下面各例表现了应聘者怎样的个人风格。

①日本著名歌星松田圣子当初去参加歌手招聘时，主试官问："你会唱什么歌？"她脱口而出："什么歌都会唱！"主试官追问："那你说说吧，会唱哪些？"她不假思索地说："从《津轻海峡的冬景》到《爱之歌》，我全会唱！"松田圣子的回答虽然不免带有夸口的味儿，但却显示了鲜明的个性。博得了在场考官的赞许。

②一位年仅23岁的英国青年，去应聘一位30岁以上的工程师职位。主试官问："你多大年纪了？"青年人随口答道："33岁。"主试官表示怀疑，他却回答："我们英国人有一种长青不老之术，这个秘诀暂时保密，除非聘用方可揭晓！"

③西班牙著名提琴师卡萨斯，未成名时去布鲁塞尔音乐学院应聘，主试教授让他等了许久才出来接见。教授扔出一大堆乐谱说："西班牙小鬼，你来给我们演奏些什么？"卡萨斯说："应该都会吧。"教授不屑地奚落他："瞧，他一定一无所知！"然后指定他演奏刚问世的一支曲子。当卡萨斯演奏完毕后，他的出色才华令教授刮目相看。教授和蔼地说："你到我班来学习吧，你一定会获得一等奖！"谁知卡萨斯摇了摇头，说："不，你在学生面前嘲笑了我！"说罢，扬长而去。卡萨斯的反常之举令音乐界震惊，不料他一到巴黎，各乐团、学院争相邀请他加入。

④著名演员宋洁在报考中央戏剧学院时名落孙山，随后又去青年艺术剧院应试。主考官问："你是没考上戏剧学院才到这儿来的吧？"宋洁坦然一笑，回答道："嗯，正因为没考上，才想到这儿来碰碰运气！"这个性化的情感语言，博得主考官们的好感，面试的气氛也变得十分活跃，随后她被录取了。

拓展延伸

一、社会究竟欢迎什么样的职校学生

1. 有吃苦耐劳、任劳任怨的工作态度

能做到从"学徒"干起，从基层做起，从最苦最累的工作做起。工作任劳任怨，不计较个人得失，服从分配，听从安排，努力完成工作任务。

2. 具有一丝不苟的精神，能主动灵活地全身心投入工作

一位明哲说过："不论你手边有何工作，都要尽心尽力地去做！"作为一名实习生到工作岗位后，或许没有很重大的事情让你去做，但是这些小事，我们务必要竭尽全力，全身心地投入工作中去努力完成上级交给自己的各项工作任务。

3. 有过硬的专业技能特长和较高综合素质能力，能较快适应工作需要

复合性专业技术人才是企业当前的首选。实习生不仅要学有所长，而且还要做到一专多能，同时应当具备较高的职业道德素养（例：吃苦耐劳、踏实肯干、好学上进等）。如学计算机的能掌握生产、营销、服务等专业技能，学烹饪的要从厨工、服务等基础技能干起。这样才能使自己不被淘汰，最终成为对社会有用的人才。

求职信

姓名：
专业：
毕业院校：
联系方式：

4. 有团队精神，遵守劳动纪律团结同事

在工作过程中，要熟练掌握操作规程，了解设备性能，注意安全生产。遵守劳动纪律，严格做到不迟到、不早退、不旷工。

5. 虚心好学，不断提高自身能力

一方面，要注意在工作中学习；另一方面，要注意利用业余时间学习。虚心求教，及时"充电"，在知识技能上不断更新进步，奠定成为企业中坚力量的技能基础。

二、幼儿教师面试会考什么

幼儿教师的面试一般包括：自我介绍、钢琴、舞蹈、美术、声乐、讲故事、示范课等。

（1）认真学习幼教知识，要有耐心，因为小朋友们可不是好管的啊！

（2）有一定的幽默感，让正在哭泣的小朋友开心起来。

（3）要会画画、唱歌、表演。因为幼儿教师经常与小朋友们玩互动游戏。

（4）有一定的领导能力（这里说的领导是领导小朋友），让小朋友们认为你不是凶神恶煞的，而是和蔼可亲的，如果你只有 20 多岁，让小朋友把你当成大姐姐岂不是很好？

（5）最重要的是要有责任心，不管你是不是这个专业的，只要你符合幼师大部分的要求，你就可能会被录取；如果你没有幼师资格证但是你各方面很突出，你也会被破格录取，幼师资格证参加工作后可以再考取。

（6）你还要会一些简短的英语，例如：你好、谢谢、很高兴认识你……还有：我叫 ×××，我 × 岁了……这些最基本的英语对话，如果你不会，即使你有幼师资格证，你也不会被录取。

从容应对职场

单元三　　幼儿故事编讲

　　幼儿故事是儿童文学的重要组成部分，是儿童成长必不可少的情感体验，是幼儿园进行幼儿语言教育的一种重要手段。通过幼儿故事，不仅能促进幼儿语言的发展，开发幼儿智力，而且还可以对幼儿进行良好的品德教育。所以，在日常教学中，作为幼儿教师不仅要重视儿童故事的教学，还要讲究故事教学的方法。

第一节　　怎样给幼儿讲好一个故事

　　幼儿故事通过鲜明的人物、生动的情节、优美的语言吸引和感染幼儿，是孩子们重要的、也是最感兴趣的精神食粮。幼儿喜爱故事，但由于他们识字不多（特别是小中班幼儿），不能充分地理解故事内涵，因此就需要通过教师或成人的讲解丰富幼儿词汇，发展幼儿连贯性语言，培养幼儿美的感受力和表达情感的能力，促进幼儿身心和谐健康发展。然而，如何讲述故事才能产生良好的教育效果，这是广大幼教工作者必须共同探讨的一门艺术。

体验分享

　　（1）儿时给你留下印象深刻的故事有哪些？为什么？

　　（2）你认为3～6岁的儿童喜欢什么类型的故事，为什么？

　　（3）一个优秀的故事讲述者最常用的技巧和手段有哪些？

案例导入

　　根据所给故事，请一位同学试讲，然后以小组为单位进行讨论，看看她在讲述时用到哪些技巧和手段。假如是你来讲述，你会怎样讲?

分析与提示:

　　《小马过河》是我们熟悉的一则寓言故事。它通过河水的深度对小松鼠来说是深的，但对老黄牛来说是浅的，而对小马来说却不深也不浅的比较，阐明了一个道理:大小、深浅不是固定不变的，是随着一个事物与另一个事物的不同而改变的。

　　作品的主旨在于告诉幼儿:遇事要动脑筋想一想，还要去试一试。

　　在讲述故事时，我们要善于针对不同年龄儿童的身心特点，运用目光、语气语调、声音粗细变化、手势等辅助方法，吸引儿童注意，强化故事效果。例如《小马过河》里的小松鼠性急热情，老牛温和老成，小马天真幼稚，老马耐心严格。讲述时，对他们的声音设计应该是小松鼠说话快而尖细，老牛慢而浑厚，小马声音稚嫩，老马老练沉稳。

教育策略

　　讲故事是幼儿教师必备的一项技能。故事作为一种最受幼儿喜欢的文字形式，其优美的意境、典型的人物形象塑造、生动的故事讲述，深深吸引着幼儿们。这不仅增长了他们的知识，还开发了他们的智力，并使他们从中受到感染和教育，懂得什么是真善美、什么是假丑恶，从而培养爱憎分明的情感。讲好一个故事，要注意以下几点:

一、根据需要，灵活选材

1. 结合幼儿的生活经验，选择具有教育意义的作品

　　故事是教育孩子的一个重要载体，传播的是真善美，教师或家长可以通过故事循序渐进地告诉孩子们要养成良好的行为习惯。故事可以给幼儿的心灵和感情以良好的熏陶，可为幼儿的行为品质提供榜样，还可给幼儿提供一定的知识经验，如《聪明豆绘本系列》《不一样的卡梅拉》等故事，都是幼儿能听懂又乐意听的，同时这些故事还能开发幼儿的想象力。

2. 故事要适合各年龄班的理解水平和幼儿欣赏的趣味

小班的幼儿最初只能听简单的故事，到中班内容可以丰富一些，到大班则可以选择一些较长的、离幼儿生活较远，但可以理解的故事。一般来说，3～4岁的幼儿爱听有重复情节的故事，如《好饿的毛毛虫》《我先，我先！》等；5岁以上的幼儿爱听童话故事、民间故事和英雄人物故事，但也要根据幼儿的理解能力选择故事情节。例如，绘本故事《你看起来很好吃》是关于恐龙的故事，当甲龙宝宝抱住霸王龙叫爸爸的时候，霸王龙问甲龙宝宝怎么知道自己是它的爸爸，甲龙宝宝说"因为你知道我的名字呀！你说你看起来好像很好吃，我的名字就叫'很好吃'嘛！"这个情节的理解对小班的孩子就比较难，所以这个动物故事就比较适合中、大班幼儿。

3. 要选择易懂好听的故事

要选择语言浅显易懂、生动凝练、题材、体裁多样的故事讲给幼儿听，以培养幼儿对文学作品的兴趣，向幼儿提供多方面的知识和经验，促进幼儿的全面发展。

总之，给幼儿讲故事一定要先选好故事，不同年龄的幼儿需要不同的故事内容和形式，教师可根据实际情况灵活掌握。

4. 选择适合自己的故事

在平常讲故事的时候，重点是关注幼儿的需要，但是，如果教师要参加公开课或者讲故事比赛，还要结合自身的特点，考虑自己的气质和音色特点。声音粗、形象比较高大的人适合讲动物体型比较大的，例如《我是霸王龙》《你看起来很好吃》等霸王龙系列故事，或者是《长大做个好爷爷》，熊爷爷和熊宝宝的故事；声音细、形象比较可爱的人适合讲温情的、动物体型比较小巧的故事，例如《猜猜我有多爱你》《是谁嗯嗯在我头上》等关于小兔子、小鼹鼠的故事。

二、加工故事

1. 加工情节

幼儿不喜欢叙述冗长、描述过细、枯燥说教的作品，在讲述故事时，教师要学会根据需要加工故事情节，化平淡为曲折，这样才能吸引幼儿。对篇幅比较长的故事可以适当地删减，删减时可以删除认为不重要的情节和一些描述性的语句。

2. 加工句子

给幼儿讲故事，语言要通俗易懂，应该多用口语，并且多用短句。

例如，故事里说：小花狗看到小青蛙，叫他一块儿出去，小青蛙不肯上岸，要到泥里去冬眠。不如改成：小花狗一看见小青蛙就喊："小青蛙！小青蛙！"小青蛙把头从水里伸出来："什么事呀？""小青蛙，这么冷的天，别在水里游泳了，上来跟我一块儿玩去吧！"小青蛙一听，呱呱呱地笑起来："小花狗，我不是游泳，我要到泥里睡觉，明年春天再见吧！"

3. 加工名称

有些故事中人名、地名太多，孩子听起来容易搞乱，也记不住。在讲述时，可以把不必要的人名、地名去掉或变换一下，如讲到兄弟三人的时候，就用老大、老二、老三。

三、表达技巧

1. 语言要用普通话

教师授课时要掌握标准的普通话，吐字清晰，语速要适中，音量不能过大或过轻，以免影响故事讲述的效果。

2. 转换音色，要学会用声音塑造形象

每个物体发出的声音都有自己的特色，这就是音色。在讲述幼儿故事时，为了突出故事中的角色和形象，常常利用变换音色的方法。

（1）根据不同的人物性格特点转换音色。例如：表现孙悟空说话时，可以用爽快、干脆的语调，声音尖一点，节奏快一点。让幼儿一听，噢，这就是机智勇敢的孙悟空。表现猪八戒时，可用慢一点的节奏，厚一点的声音，表现他憨实的性格。又如《狼和小羊》凶狠的狼和可怜的小羊两个形象，为了突出这两个形象特征，需要在音色上下功夫：小羊不断哀求，音色特点是稚嫩、明亮、柔弱，发音时声带紧绷，音位较高，发音靠前；而狼则是咄咄逼人，音色特点是低沉、生硬、凶狠，发音时声带稍微放松，气息下沉，发音靠后。

《狼和小羊》练习示范

大家可以尝试一下片段练习：

可怜的小羊喊道："啊，亲爱的狼先生，那是不会有的事，去年我还没有生下来呢！"

狼不想再争辩了，龇着牙，逼近小羊，大声嚷道："你这个小坏蛋，说我坏话的不是你，就是你爸爸，反正都一样！"

（2）根据事情、场景的不同变换音色。即使是同一个人物，如果事情、场景发生了变化，音色也会发生变化。例如，在《长大做个好爷爷》里，熊爷爷身体健康的时候与生病住院的时候，两种音色对比明显：身体健康的时候，声音硬朗，中气十足；生病的时候，声音微弱，断断续续，显出气息不足的样子。

情景一：从前，有一只小熊，他有一个很爱他的爷爷，他每个星期五都会去看望他的爷爷。爷爷总是问："我那最可爱的小熊，你好吗？""我很好，那我最可爱的爷爷，你好吗？"

情景二：在医院里，小熊看到爷爷躺在床上，小熊问："爷爷你可真懒啊！现在还没起床呢！"

爷爷说"是啊！我都一整天没有起床了！"

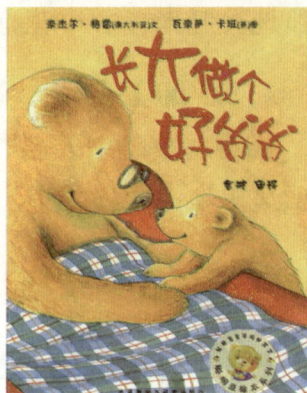

《长大做个好爷爷》练习示范

（3）**刻画人物还要抓住人物的言行和心理活动。** 骄傲的人说话盛气凌人，谦虚的人说话平稳；阿谀奉承的人说话低三下四，病危的人说话断断续续；强健的人说话铿锵有力等。

总之，用声音塑造人物形象，就是要求教师抓住故事中人物的个性心理，尽可能符合生活实际，活灵活现地把人物形象展现在孩子面前。

3. 语速适中，注意停顿

给幼儿讲故事时，一定要注意语速适中，根据故事内容的需要做适当的停顿，因为幼儿在倾听故事的时候需要一个思考、理解的过程。

但是，根据故事情节发展的需要，语速也要适当地调整，有的情节表达的情感非常温馨或者物体运动比较缓慢，这种情况就需要慢速，例如"太阳冉冉地从东方升起""初春的阳光照在身上，感觉暖暖的"，重音字就需要读得缓慢。同理，有的情节非常紧张，"着火了！着火了！熊奶奶家着火了，快去救火呀！"这种情况下，语速就要稍快！

4. 态势语及教具的合理运用

有时为了更好地讲出故事的效果，需要借助一定的态势语。这种无声语言，可以增强故事的感染作用。态势语包括面部表情、手势和身势等，可以根据故事情节需要自己设计。

教具在讲故事过程中也具有举足轻重的作用，好的教具可以很快吸引幼儿的注意力，引导孩子进入故事情节，所以，作为一名优秀的幼儿教师，还需要具备制作教具的才能。

5. 进入角色，把握故事情感

语言的技巧只是故事表达的外在形式，如果要把故事讲好，还需要以情动人，把故事要表达的情感很好地表演出来，用情感去感染人，用情感去打动人。如何做到以情动人呢？首先要了解故事的主题，知道故事要表达的情感。其次，要理解故事的人物形象，知道人物的性格。第三，要知道人物角色讲话的心理，揣摩人物角色讲话的语气，正确表述人物角色在当时情境中要表达的意思。例如：幼儿故事《三脚猫》讥讽三脚猫大夫不懂装懂，给森林的小动物看病，说小兔子红眼睛是因为得了结膜炎，当小兔子说自己生下来就是红眼睛时，三脚猫很尴尬，又说"那就是你在娘肚子里就开始用你那脏手揉眼睛了！"。讲这句话时，讲故事者要想三脚猫的尴尬表情，想它为了找借口搪塞小兔子，急于想办法。讲故事者的眼睛要左转右转，而且说话的语气要前边稍微断，表示在思考，后边说话语气连贯，但是声调由高到低，表示不自信，"那——就是——你在↗娘肚子里就开始用你那↗脏手↘揉／眼／睛了"。

总之，要想绘声绘色地讲好每一个故事，需要多学多练。只有熟练掌握讲故事的艺术方法，才能讲出孩子们喜欢听的故事，带给孩子们艺术的享受。

视频《三脚猫》

强化训练

1. 读编故事训练

播放视频：8 岁儿童自创绘本故事《小柳絮历险记》前 7 页，请小组讨论，为其续编。

《小柳絮历险记》

2. 故事模仿训练

观看故事视频《长大做个好爷爷》，请模仿一段。

《长大做个好爷爷》

3. 讲故事训练

全班以小组为单位，进行讲故事比赛。每组选出一名队员，参加班级讲故事比赛，看哪一组同学讲得最好。

讲故事比赛打分表

拓展延伸

一、巧用停顿

故事中，短句可以一口气说下去，遇到长句或者几个句子，中间就要适当的停顿。故事中的停顿，主要是根据故事内容的需要而决定的。

（1）为了突出某个词意或某种感情，需要作一个停顿。

如《白雪公主》中有这么一段。王后听说白雪公主还活着，气得咬牙切齿："哼，哼，谁比我美丽，我就得害死谁！"读王后的这句话，应该在"我"后面作强调停顿，并插入急吸气、吐粗气，表现王后气急败坏、毒辣凶狠的形象。

（2）感情到了非常丰富需要发泄的时候，需要作一个停顿。

比如《卖火柴的小女孩》："奶奶"小女孩叫起来，"啊！请把我带走吧，我知道，火柴一灭。

您就会不见的，像那暖和的火炉，喷香的烤鹅，美丽的圣诞树一样，就会不见的！"这时的语气是有着颤抖的感觉。另外，还有一种渲染感情的方式方法，就是音断气不断，使得感觉的表达能够连贯一致，如："太阳下面，再也没有比这更美的职业，我多么想一直工作三百年，如果我有五倍的生命。"

（3）在教师讲故事的时候，为了引出悬念，有时讲故事讲到关键的地方，也可以停顿下来。

例如，在讲述故事《没有牙齿的大老虎》时，提出问题"你们猜谁来了"，启发幼儿思考。

二、常用态势语

有时为了更好提高讲故事的效果，需要借助一定的态势语。这种无声语言，可以增强故事的感染作用。态势语包括手势语、头势语、眼势语和面势语等。

1. 手势语

（1）**翘拇指**。主要表示高度称赞、非常佩服、绝对的首屈一指。翘起拇指后对拇指方向略作调整，则有蔑视、侮辱的含义。翘起拇指的动作需要和面部表情密切配合。若表情为真诚、惊喜、满意，则与翘拇指的含义一致。反之，若表情为不屑或无动于衷，则有明显的讽刺或应付意味。

（2）**伸食指**。根据位置的不同、运动方式及指向的变化，而表达各种不同的意思。

①置于肩部前方，表示数字1。

②食指与嘴唇垂直并靠拢嘴唇或与嘴唇接触，表示"请安静"的意思。这时嘴唇通常撮起，眼睛要稍稍睁大。

③食指若呈运动态势，可以对学生从事某些活动进行指示、引导，如做空中书写练习。

④食指轻轻指点学生的额头可示亲昵或喜爱。如果食指指向学生，上下点动，则表示强烈不满和批评、斥责。

⑤伸出食指和中指，并使二者分开。可表多义，其一表示数字2，其二表示"胜利"，其三象征"剪刀"，这时手指不是向上，而是开口向前。

（3）**抬手**。

①单手上抬用于个体，表示起立，含有请的意思。

②单手上抬的引申义为"要求某人做某事"。

③双手上抬，即双手手掌摊开，掌心向上，同时向上轻抬。双手上抬表示起立的意思，双手上抬还可象征坦诚、真诚的意思，这时手掌不是上抬，而是向两边摊开。

（4）**招手**。招手动作是抬手动作的延续。含义也是抬手含义的延续。抬手要求"起立"，招手则进一步要求"走过来"。

（5）**鼓掌**。鼓掌的基本含义是赞许、肯定。也可用来表示打节奏、提醒、暗号、讽刺等含义。

（6）**丁字手势**。一掌平放，另一掌伸出食指，或五指并拢伸出，垂直向上顶在掌心。丁字手势的含义为"暂停"。

（7）**握拳**。攥紧拳头，置于胸前，拳心向内，前后挥动数次，以示力量。

（8）**挥臂**。伸右掌，由下而上平抬手臂，继而将手臂用力向空中挥送，以示无限延伸。

（9）**叉腰**。双手叉在腰胯部位。这是一种富有进攻意味的体态，呈现出一种咄咄逼人的气势。

2. 头势语

（1）**点头**。颈部使头部垂直上下运动一次或两次以上。基本含义是同意或赞成。

（2）**侧首**。将头从一侧略略倾斜到另一侧，基本义是"关注"，结合面部表情的不同，显现"感兴趣"和"怀疑"两种意思。

（3）**摇头**。颈部把头从一边转到另一边两次或两次以上，表示不同意或不相信。头部呈拨浪鼓式快速摇动，表示坚决的无通融余地的否定。

（4）**鞠躬**。主要表现为浅鞠躬：将头部垂下成低首态，然后再抬起来。其含义有二，一是致意，二是表示告别。

3. 眼势语

（1）**盯视**。使视线集中在某一范围内，目光不流转，甚至连眼都不眨一下。这种眼势用于事物，可表示强烈兴趣。

（2）**怒视**。眉毛皱起，双目圆瞪，表示愤怒意。

（3）**侧视**。即侧目视之，也称斜视。表达的意思是瞧不起、鄙视、轻蔑。

4. 面势语

（1）**表示兴趣**。眉毛微微上扬，双眼略略张大，一般口部微张，同时嘴角略上翘呈现微微的笑意，以示关心、重视，且含有鼓励、褒扬成分。

（2）**表示满意**。眼睛略闭，嘴角上翘浮出微笑，以示鼓励。

（3）**表示亲切**。双眼微眯，嘴角微翘，面露微笑。这是师者之表情常态。

（4）**表示赞扬**。表示赞扬的面势语和表示满意的面势语同属一类，但前者程度更深些，且常与点头动作联在一起，还常伴有言语行为。

（5）**表示询问**。眉毛上扬，眼睛略睁大，嘴微微张开。它与表示兴趣的面势语共同点是"关注"，不同的是要去掉微笑，换成疑惑状。

（6）**表示严肃**。眉毛微皱，双唇较紧地抿在一起，眼睛略略张大。

（7）**表示惊奇**。眉毛上扬，睁大双眼，嘴圆张。

（8）**表示愤怒**。眉紧皱，眼圆睁，牙关紧咬致使双唇紧抿，有时伴有面色紫红或苍白。

（9）**表示蔑视**。眼微眯，嘴角下垂，嘴向一边撇去。

第二节　怎样通过故事发展幼儿的语言能力

　　0～6岁是幼儿语言发展的关键时期，研究表明，这个时期是幼儿掌握大量词汇的关键时期，如果错过了这个时期，以后再做补偿就很困难了，因而促进幼儿语言发展，培养幼儿语言表达能力就显得尤为重要。故事以其生动的语言、具体的形象和有趣的情节而深受幼儿的喜爱。教师也乐于把各类故事作为语言活动的基本内容，作为发展幼儿的语言表达能力、进行情感教育的重要手段。

体验分享

　　（1）怎样通过故事发展孩子的语言能力？
　　（2）你认为怎样才能培养幼儿讲述故事的积极性？

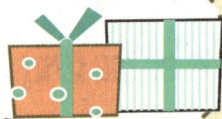

案例导入

　　根据所给故事，全班以组为单位进行讨论，怎样通过合理的提问来引导孩子学会听故事，进而能够讲述故事？

　　分析与提示：

　　在故事教学中，教师合理的提问非常关键。教师在讲述故事时，应有一个很具体的目标，即让孩子听什么，重点听哪一段，意图是什么，使孩子带着问题、带着思考去听。所设提问有的是要孩子回答的，有的是为引起孩子有意倾听而不必回答的，应以合理提问引导孩子学会听故事。

　　如在教学故事《月亮姑娘做衣裳》时，可以这样设计：

　　讲第一遍故事前，要引导孩子们思考：如果请你做裁缝，你会给月亮姑娘做什么样的衣裳呢？故事里月亮姑娘做了什么样的衣裳呢？自然引起孩子认真倾听的愿望。讲

完故事后，我们可以只提一个问题：你听了这个故事有什么感受？便于孩子在总体上把握故事有趣、好笑又引人思考的基调。

讲第二遍故事前，可以继续提问：每次月亮姑娘去做衣裳时长得什么样？故事中是怎么说的，由此引导孩子注意认真倾听故事中三次描述月亮不同形象的比喻句。因为孩子有目的、有意识地认真倾听，对每次月亮的变化都留下了深刻印象。

最后，让孩子一边听一边想"月亮姑娘为什么穿不到合适的衣裳呢"？带着小小的疑问听第三遍故事。

故事听完，孩子们自然明白了这样的道理：月亮姑娘总是在变化，她怎么穿得上合适的衣裳呢！在教学中，我们还可以引发想象：如果你是裁缝，你能想出什么办法给月亮姑娘做衣裳呢？这样，通过合理的提问，层层深入，使孩子理解故事的内涵。

教育策略

幼儿语言能力包括：正确清楚的发音、一定数量的词汇、口头表达能力三个方面。讲故事，对全面提高孩子的语言能力十分重要。怎样通过故事发展孩子的语言能力，有哪些方法呢？

一、训练正确发音

1. 教师要做好示范

教师给孩子讲故事要坚持说普通话，发音清楚，语音流畅，禁用方言，要以清晰、准确、规范的语言为孩子做好学习语音的楷模。

2. 借助手势、实物等

给孩子讲故事时要注重视听结合，教师可借助实物、口形示范和手势等直观手段，形象具体地向孩子示范发音，并让孩子反复地辨别和体验。

3. 故事中可穿插儿歌、游戏

在讲完一个故事后，可把故事中生动、有趣的情节，根据孩子的年龄特点编成游戏，让孩子在轻松愉快的游戏过程中掌握语言。

二、丰富词汇

1. 故事讲解尽量浅显、易懂，能用已有的知识解释

讲故事时所涉及的词义要浅近、准确，尽可能让孩子运用已有的知识经验自己来解释词义，

例如，教师在讲故事过程中说到"雨渐渐地变小了"，可以让孩子解释"渐渐"的意思。

2. 教师用表情、手势、图画等帮助孩子理解

讲故事过程中，教师可借助于表情、手势、图画等来演示一些常见的、浅显的词，帮助孩子理解词义。如：对"嫩绿、浅绿、深绿"三个词语的讲解，可用图片展示的方法辅助幼儿理解。

3. 讲故事穿插问题

（1）同义词互换。把故事中的某些常用词让孩子用同义词（或相近词）换一换，教师适时地加以启发并做出评价（肯定或否定）。如："雪花落在她的金黄的长头发上，那头发打成卷儿披在肩上，看上去很美丽（漂亮）。"

（2）添补关键词。边讲边启发孩子填出部分关键词，如："树林中窜出一只（凶猛）的大老虎，三只小白兔（飞快）地跑去……"

三、培养表达能力

1. 教师语言示范作用

讲故事时，教师应用亲切的语气，把故事情节生动、形象地描述出来，尽量避免词不达意、缺乏条理，给孩子造成错觉。

2. 给孩子语言表达的机会

（1）模仿。根据特定的故事环境，给孩子提供模仿、练习的机会，如模仿故事中某些对话、声响等。

（2）复述。讲完故事后，可让孩子复述故事（故事中部分情节或故事大意），以培养孩子的概括能力，发展孩子的创造力。

（3）添补空白。故事讲到某一关键处，中断讲述，启发引导孩子用自己的想象，创编出以后的情节。

（4）创编。根据孩子已有的知识经验，引导孩子借助选图、拼图、绘画、粘贴图片来表达故事情节。可充分利用旧图书、旧画报中的某些图片，让孩子挑选人物、动物、景物等拼成有情节的画面，再编成小故事讲出来。

强化训练

全班以组为单位，根据所给故事《等明天》进行幼儿园教学的模拟训练。

活动要求：各组先共同讨论教师根据故事应如何设计问题，学生会怎么回答，然后每组组员中选出一人或两人扮演幼儿教师，其余同学扮演幼儿进行模拟练习。

提示：

（1）教师可根据故事内容提问幼儿，引导幼儿理解故事内容，复述故事大意。

（2）教师与幼儿讨论故事内容，引导幼儿要懂得珍惜宝贵的时间，养成今天的事今天完成、不拖拉的习惯，并具有初步的责任感意识。

①小朋友们，你觉得故事里的小猴子值得我们学习吗？为什么？

②如果我们每个小朋友都像故事里的小猴子一样，今天的事情今天不做，拖到明天，明天的事情再拖到后天……会怎么样呢？

③小猴子请了很多的动物朋友来自己的新家做客，朋友们来了，发现小猴子还在睡大觉，朋友们心里会怎么想？小猴子这样做对吗？为什么？

教师要鼓励幼儿大胆想象，自由、积极发言，大胆表达自己的想法。

拓展延伸

婴幼儿语言能力发展的总趋势

各个孩子说话的时间有早有迟，语言发展的速度有快有慢，然而他们都有着大致相同的发展趋势，据有关专家研究，婴幼儿的语言大约经过下列几个阶段：

（1）**最初的发音练习**。婴儿出生后两三个月，能自发发出类似元音的音，如 a。

（2）**牙牙学语阶段**。婴儿在三四个月后，开始发出带有辅音的音，并进一步模仿成人的声音和语调与成人开展"对话"。

（3）**开始理解语言**。婴儿出生后四个月就能分辨发怒和友好的声音，八至十个月开始，婴儿能对词语做出反应。如成人说灯呢？他能扭头去找灯。

（4）**语言交际的开始**。大约从一岁开始孩子能够讲出最初的几个词，如妈妈、爸爸等。这个阶段婴儿发出的一个词音，往往代表一个句子的意思，如"饭饭"可能表示他要吃饭。

（5）**有区别的语言交际的开始**。在两岁左右，婴幼儿能讲出较为复杂的句子，清晰地表示一个句子的意思。

（6）**全面学习口语交际技能的阶段**。三岁以后，幼儿的发音器官和听音器官趋向完善，词汇量迅速增加，词的种类逐渐齐全，对词义的理解得到扩大和加深，对话语言和连贯语言得到发展。大约到六岁，发育正常的幼儿，基本上学会用口语与周围人进行交际。

第三节　怎样在创编故事活动中培养和发展幼儿的创造力

创编故事是幼儿园教学的主要内容之一，它的主要教育功能是发展儿童的创造力。但是，如何才能在创编故事活动中有效地培养和发展幼儿的创造力呢？

体验分享

（1）你有创编故事的经历吗？

（2）你认为怎样才能引导孩子自己编出好听的故事？

（3）你认为如何才能在创编故事活动中有效地培养和发展幼儿的创造力？

案例导入

　　请根据已给故事《狮子大王来了》，引导幼儿完成故事创编活动：想一想，作为一名教师，你会提出哪些问题，幼儿会怎样回答？在创编过程中，需要注意哪些事项？小组分角色进行情景模拟活动。

　　创编故事：狮子大王来了

　　在茂盛的森林里，住着许多小动物。一天清晨，太阳笑眯眯地升起来了，小公鸡喔喔地叫醒了小动物。小公鸡、小猴、小兔、小猫是好朋友。它们一起在森林里玩了起来。

　　小猴在树上玩荡秋千，小兔在草地上玩捉迷藏，小公鸡在草地上捉虫子，它们玩得很高兴。突然传来一阵狮吼的声音，小动物都害怕极了，大声喊道："狮子大王来了，狮子大王来了"……

分析与提示：

创编活动应从以下几个方面进行：

1. 目标

（1）引导幼儿认真倾听故事，较快地掌握故事前半部分的主要内容，发现故事中的合理线索。

（2）引导幼儿根据故事提供的线索，创造性地、合理地创编出故事的结尾。

（3）在合作创编故事中，引导幼儿大胆说出自己的观点，培养幼儿积极参与创编故事的兴趣，并自信地将自己续编的故事用较准确连贯的语言讲述出来。

2. 过程

（1）帮助幼儿理解故事主要内容，组织幼儿欣赏故事表演"狮子大王来了"。

①提问：故事发生在什么时候？什么地方？有哪些小动物？

②老师讲述故事一遍。

（2）引导幼儿创编故事。

①提问：小动物玩得正高兴的时候，谁忽然来了？假如你是小动物，碰到狮子大王，你会怎么样呢？请小朋友互相说说自己的想法。

②老师总结小朋友们设计的几种不同的结局。

③请按自己喜欢的结局分成小组创编故事，并请一个代表上来讲述。

（3）请每个小组将自己编的故事情景表演一遍。

教育策略

故事是依据一定的内在规则构成的，幼儿学习创编故事就是要尝试运用语言来编出符合结构规则的故事。创编故事往往是建立在理解故事、积累大量知识经验的基础上，是一种创造性语言活动，其间需要各种能力协调参与。那么在引导幼儿进行创编故事过程中需要注意哪些事项呢？

一、循序渐进地培养创造力

幼儿在想象力、创造力及口语表达能力等方面都比较差。要想改变这种现状，我们要根据幼儿的实际水平及年龄特点，循序渐进地安排创编故事的内容，并做到难易适中，尽量使幼儿适应创编的要求和不断发展的目标。

1. 帮助幼儿理解故事作品的构成要素

要让幼儿创编故事，首要条件是让幼儿了解一个完整故事的构成要素，即故事的四要素：时间、地点、人物、情节。如果幼儿不能明确这一点，他们便无从着手创编故事。而幼儿对故事构成要素的理解来源于他们平常所听、所讲、所阅读的童话及其他故事。因此，平时教师要经常有目的地选择一些适合幼儿实际水平的故事作品讲给幼儿听，选择一些趣味性强的、故事线索清晰的图书引导幼儿阅读，并与幼儿一起分析故事发生的时间、地点，故事中有谁，主要讲了一件什么事情，结果怎样。幼儿正是在对那些故事中的人物、情节、主题和语言的感受积累中，增强他们对故事构成要素的理解和把握能力。

2. 由编一个段落过渡到编一个完整的故事

在幼儿刚具有初步的创造力时，教师可以要求幼儿先学习创编一段故事，或者先创编结果。如在创编故事"蚂蚁飞上天"时，先要求每个小朋友想一种办法让蚂蚁飞上天，然后表达出来，由于难度不大，幼儿很快就想出了各种各样的办法，有的幼儿请小鸟帮忙，有的请白云帮忙，有的则请来了直升机，每个幼儿想出的办法各不相同，而且大部分幼儿也能用完整的话表达出来。这样的经验积累多了，幼儿的创编能力逐渐提高。之后，再要求幼儿创编出一个完整的故事。能力弱的幼儿可编短一点，而能力强的幼儿在创编时增加多一点中间情节、形容词或加强语法规范。

3. 从无主题到有主题

为了激发幼儿对创编故事的兴趣，一开始，请幼儿随意创编故事，主题上不作要求，但要求每个幼儿能在众多小朋友面前大胆、响亮地讲述自己创编的故事。在幼儿对创编故事发生兴趣之后，再逐步向幼儿提出了有主题的创编。如围绕主题"森林的早晨""兔子为什么回来晚了"来创编出一个简单的故事。由于幼儿有了较强的创编兴趣，因而，在教师提出主题后，每个幼儿都能积极参与，编出了各种各样的故事情节和故事结果。

4. 逐步丰富幼儿的知识与经验

（1）积累日常生活经验。创编故事，需要调动个人的经验，需要幼儿具备相关的知识。幼儿创编故事的知识经验准备，来源途径之一是日常生活经验积累。正是如此，在平时教师要善于鼓励幼儿多观察周围的事物，了解一些浅近的自然科学现象、人与自然的关系、动植物与自然的关系。例如，创编一个关于"贪吃的狐狸"的故事，幼儿必须积累与"狐狸"相关的知识与经验，同时还需要有"因吃得太饱而造成的后果"的经验。

（2）通过其他途径获得各种信息。创编故事，还要引导幼儿从大量的童话、故事或其他体裁的文学作品中，获得各种信息。幼儿园里教师可以利用一日活动中的午餐、午睡、游戏时间为幼儿播放文学作品的录音，让幼儿在不知不觉中欣赏、积累文学语言。幼儿通过这些直接经验和间接经验的积累，为创编故事提供了内容上的准备。

5. 丰富幼儿的词汇，提高语言表达能力

幼儿的语言能力存在比较大的差异，总体来说幼儿的各种词汇较欠缺，因此，幼儿表述起来较困难。针对这一实际情况，教师要经常通过一些语言游戏，如说量词、形容词、动词、名词等活动来丰富他们的词汇；或者创设一些情景让幼儿运用词汇说一句或一段话，同时，家长还可以

让孩子把创编的故事讲给父母、家人听，取得家长的支持和鼓励。

另外，还要引导幼儿学习一些故事、童话中优美的词汇、句式并感受理解作为故事作品的语言表达方式。这样，幼儿在创编故事时就可能仿照它们的语言创造样本。比如，有的幼儿可能在创编故事开头时说"在一个××地方，住着一个××的小白兔和××……"，幼儿也可能在创编故事结局时说"后来，××就再也不……了"。经过不断的积累，幼儿的词汇丰富了，语言表达能力也得到了更大的提高，从而提高了幼儿创编故事的质量。

二、利用各种形式的活动引导幼儿完成创编

1. 提问

幼儿能不能编出一个完整的好故事，提问至关重要。它能引起幼儿积极地思考问题、创编故事，也是开拓幼儿思路的重要方法。在创编故事中的问题不同于其他语言活动中的提问，这种提问一般没有现成的答案，它侧重于启发幼儿进行多角度思考，自由组织文字，从而说出不一样的完整的话。如在创编活动"猫医生过河"时，可以先问幼儿："猫医生怎样才能过河？"这种提问能使幼儿把自己当作主人翁，积极参与，并充分发挥自己的想象力，表达与众不同的看法，从而使幼儿的创造力得到发展。

2. 图片辅助

幼儿进行故事创编时通常都以图片作为教具，这样能使已知部分清楚地展现在幼儿面前，从而减少幼儿的记忆负担，以便集中精力构思合乎情理的故事情节。

3. 小组活动

组织幼儿结成小组在课堂上讨论，可以在交流中更好地发挥幼儿的积极性和创造性，同时，还可以利用小组把创编故事活动引入课下。因为并不是所有幼儿都有机会在课堂上编讲故事，对没有机会编故事的幼儿，教师可在课后引导小组继续创编故事。

三、让幼儿参与评价，从而使幼儿的创造力得到进一步提升

教学时教师要有意识地让幼儿参与评价，这样可使幼儿充分认识到哪些地方讲得好、哪些地方还需要改进。同时，幼儿也能从别人的讲述中，开拓思维，丰富想象，从而进一步提升创造力。对幼儿的发言要多支持、多肯定、多接纳、多表扬、多鼓励、多信任，使他们有话愿说、有话敢说。

四、营造宽松、自由的氛围，为幼儿创造力的发展提供支持环境

为幼儿创设宽松、自由愉悦的创编氛围，多用肯定、鼓励的语言与幼儿进行交流。幼儿创编故事时，可以全体进行。如：一位幼儿创编，其他幼儿倾听。也可以分成若干个小组进行，每组推选一名幼儿负责。还可以让幼儿两两结伴互相创编、轮流讲述。运用多种形式调动幼儿积极性，使每个孩子都有创编的机会，在鼓励中满足幼儿的表现欲，使幼儿获得成功，产生愉悦的心理体验，从而更好地进行创编活动。

强化训练

为了引发幼儿创编的兴趣，使幼儿在愉悦的氛围中进行创编，从而开发幼儿的创造性思维，并发展其想象力和口语表达能力，请同学们以小组为单位，对故事《小羊过桥》进行结尾续编练习。

提示：

这则小故事语句精炼简短，节奏感很强，富有音乐性。教师可通过这则故事对幼儿进行礼貌和谦让教育。还可引导幼儿续编故事，发展他们的想象力和积极思维的能力。

教师可引导幼儿进行讨论，两只小羊掉进了河里，可能会发生什么事呢？引导幼儿续编故事。幼儿可能编出的结局有：

（1）互相谦让。

（2）两人合作造一座大桥。

（3）搬家（小黑羊和小白羊家对调）……

最后，教师帮助幼儿将故事重新从头至尾讲一遍，并加上新编的故事结局。

拓展延伸

幼儿教师提高自身想象力的方法

爱因斯坦强调指出："想象力比知识更重要。因为知识是有限的，而想象力概括着世界上的一切，推动着进步，并且是知识进化的源泉。"

所谓"想象"，是指在原有感性形象的基础上，创造出新形象的心理过程。

1. 运用教材，启发想象力

想象主要来源于现实，但语文教材是生活的反映，是作者想象能力的一种展示。因此，可借助于各种方法与手段，唤起内心的想象，把课文中的人、事、景、物变成可以看到、听到、闻到、触到的客观世界中的种种事物，从而启发自身想象力。

2. 通过质疑，展开想象力

马克思说过："想象是促进人类发展的伟大天赋。"没有想象力，不可能打破常规，只有想出常人想不出的东西，才可能干出常人干不出的事情。

3. 通过强化训练，提高想象力

能力只有通过实践才能展示出来。训练是一切学科都不可缺少的重要环节，只有通过问题的训练，才可以使所学知识得以巩固和强化。

4. 通过课外延伸，丰富想象力

理学家朱熹有诗云："问渠哪得清如许，为有源头活水来。"教师应深入生活、观察生活；要到大千世界去接触，去思考，去学习，去受影响，方可收到预期效果。因此，有目的地大量阅读文学作品对培养想象力是很重要的。

俗话说："百闻不如一见。"阅历丰富的人，知识储备才丰富，知识储备丰富才利于通过黏合、夸张和联想等方式创造出更多的想象。而课堂之外的天地是极其广阔的。因此，还要利用各种机会走进大自然，去观察山川河流，去观察草木鱼虫；去体验人间冷暖，去感受世态炎凉；去积累知识，为自己插上想象的翅膀。

培养幼儿丰富想象力的方法　　　　　　幼儿教师提高自身想象力的方法

第四节　怎样写出优秀的讲故事教案设计

"兴趣产生天才。"语言学习需融入幼儿生活当中，以生动、活泼的形式，引发幼儿对语言产生兴趣。教师要想对幼儿进行倾听、表达、欣赏文学作品和早期阅读四种语言行为能力的培养，就要对每一个故事进行精心的设计。把设计的思路写成文稿，就是教案设计。那么，怎样才能写出优秀的教案设计呢？

（1）要想讲好一个故事，需提前做好哪些准备？

（2）你认为一份合格的教案设计应该包含哪几个部分？

　　教师经过备课，以课时为单位设计的具体教学方案称为教案设计。教案是上课的重要依据，通常包括：班级、学科、课题、上课时间、课的类型、学习目标、教学重难点、教学方法、教学内容、教学过程和时间分配等。有的教案还列有教具和现代化教学手段（如电影、投影、录像、录音等）的使用，作业、板书设计和课后教学反思等项目。

　　下面全班以组为单位进行讨论，怎样向幼儿讲述《野猫的城市》这个故事？想一想，说一说，并根据讨论结果制定一份教案。

分析与提示：

一、教材分析

　　这是一篇构思奇特的童话故事，它通过一只来自城里的野猫，在向森林里的动物朋友描述"城市"的认识时，因为讲述方法不得当，导致其他动物对城市产生了误解。在欣赏故事的过程中，可以引导幼儿在幽默的笑声中认识城市。这篇作品以逆向思维式的叙事方式来讲述故事，可以让幼儿在笑声中获得逆向思维和判断力的训练。

二、教学法

　　在教学过程中，可运用情景法、提问法、讲解法等方法，让幼儿感兴趣地投入活动中来。活动的重点应放在帮助幼儿把握作品的情节发展线索和人物的性格特征上。

【教案设计示范】

野猫的城市
（大班）

学习目标：

1. 语言角度

（1）理解故事内容，感知野猫的性格特点和富有童趣的故事情节。

（2）丰富词汇：问长问短。

2. 社会角度

（1）启发幼儿发现以及纠正故事中野猫所犯的错误，训练幼儿逆向思维和判断能力。

（2）增进对我们的城市的认识和喜爱。

教学重点： 引导幼儿熟悉、理解故事内容，从而发现故事中野猫犯的错误。

教学难点： 启发幼儿纠正故事中的错误，训练幼儿逆向思维和判断能力。

教学准备：

①幼儿对我们的城市有一定的认识。

②多媒体课件《野猫的城市》。

③图片：野猫、斑马、小鹿、花奶牛、大河马、磁铁。

④句字卡片：城市是一个很疼的地方；城市是一个很痒的地方；城市是一个没羞的地方。

教学过程：

1. 兴趣导入，引出活动主题

（1）师：小朋友们，今天我们班来了一位特殊的客人，教师出示头饰"猫"，问：这是什么动物？（猫）。

（2）师：这可不是一只普通的猫，它是一只生活在城里的野猫，是一只会说话的野猫。双休日，它去了一趟森林，森林里的动物们都围着它要听它讲城市的事情。让我们去听听好吗？

2. 完整欣赏故事一遍，初步熟悉故事的内容

（1）教师有感情地讲述故事，要求幼儿认真聆听。

（2）提问：故事的名字叫什么？（野猫的城市）故事里有谁？（野猫、斑马、小鹿、花奶牛、大河马，教师根据幼儿的回答，出示相应的动物图片）森林里的动物们来看从城里来的野猫，它们是怎么做的？（出示字卡：问长问短）

3. 分段欣赏故事

采用提问和议论的方式，通过提问帮助幼儿理解作品情节发展线索和人物性格特征，启发幼儿发现以及纠正故事中野猫所犯的错误。

师：野猫告诉动物们的城市是什么样的？听了野猫的介绍，动物们对城市有什么样的感觉呢？下面请小朋友认真地看动画的画面，再仔细地听故事，然后回答老师的问题。

（1）欣赏故事第一段后，教师提问：

①野猫说城市有斑马线，对吗？城市里人们步行过马路时要走哪里？

②野猫讲的城市给斑马的感觉是什么样的？（出示相应的句卡，放在斑马图片的旁边）它为什么会有这种感觉呢？

③我们走斑马线时斑马线会疼吗？为什么？野猫这样介绍城市的斑马线对吗？假如是你，你会怎样介绍城市的斑马线呢？

④老师小结：城市里有斑马线，斑马线在马路上，当人们过马路时，就要在斑马线上行走，城市是一个讲交通规则的地方。

（2）欣赏故事第二段后，教师提问：

①野猫说城市里有一种地图，你们知道那是什么吗？（城市规划图）

②野猫讲的城市给花奶牛是什么样的感觉？（出示相应的句卡）它为什么会有这种感觉呢？

③城市里的这些规划图有什么作用呢？假如是你，你会怎样介绍城市里的规划图呢？

④老师小结：城市很大，有规划图，按规划建设城市，这样会方便人们的生活。

（3）欣赏故事第三段后，教师提问：

野猫讲的城市给河马是什么样的感觉？（出示相应的句卡）它为什么会有这种感觉呢？

（4）老师引导幼儿共同小结：

故事中的野猫有点自以为是，用了自己以为很正确的比喻来描述城市。因为它讲述比喻得不清楚、不正确，所以让森林里的动物觉得城市是一个很疼、很痒并且很没羞的地方，动物们都不喜欢野猫的城市了。

4. 组织幼儿讨论，启发幼儿解答森林里动物们的疑惑

（1）师：我们的城市真的是一个很疼、很痒、很没羞的地方吗？（不是）（故事的最后一段），请幼儿认真观看。

（2）师：小朋友，如果你也从那辆汽车走下来，你想对森林里的动物说些什么呢？你说我们的城市应该是什么样的呢？请小朋友们帮帮忙，告诉动物们正确的答案吧！

（3）引导幼儿大胆地讲述，介绍城市里的各种设施。

5. 教师小结

今天小朋友们学习了故事《野猫的城市》，也尝试帮助野猫清楚地向动物们介绍我们的城市。小朋友们，你们喜欢我们的这个城市吗？下节课我们继续了解、介绍自己喜欢的城市。

6. 教学反思

《野猫的城市》是一篇非常富有童趣的童话故事，大班幼儿有很好的具体形象思维，并且具有一定的倾听和语言表达能力，他们对童话故事比较感兴趣。所以通过故事教学可以让幼儿更好地了解、认识我们居住的城市。现在，就本此教学活动作以下反思：

（1）层次性提问，有助于孩子了解中心意思。每一段故事后，我都采用了层层递进的提问方式，教师将抛出的问题想办法引导幼儿理解、回答。孩子们自始至终是活动的主体，

让幼儿说一说、看一看、想一想，把复杂问题简单化，给孩子们以正确的概念。这充分体现了以人为本的思想。

（2）采用假设提问，有助于孩子理解人物心理。 如："假如是你，你会怎样介绍城市的斑马线呢？"

在这一环节，我没有限制固定答案，只要幼儿对问题积极回答，就给予鼓励与表扬。

（3）开放式提问，让孩子插上想象的翅膀。 在这一环节，教师可以找出一些有关城市的图片，先和幼儿一起感受城市的主要特征；然后，再让幼儿说说眼中的城市，这样幼儿的思路拓展得更宽、更广，话题也就能够讨论得有声有色了，幼儿在语言表达方面也能得到提高。

（4）互动式提问，让孩子在讨论中发展表达能力。 如：最后让幼儿展开讨论"野猫讲的城市和我们居住的城市一样吗？"可以问他们："如果让你去告诉森林里的小动物，你会把城市说成什么样的呢？"幼儿通过老师的启发和一定时间的考虑答案，组织语言，就能全面地概括出城市的许多特征，发展他们的语言表达能力。

教育策略

幼儿园故事活动教案设计基本思路如下：

活动目标的确定 ▶ 确定教学重点、难点 ▶ 教学方法的选择 ▶ 活动准备 ▶ 活动过程

一、活动目标的确定

教学目标一般从以下三个方面来写：

（1）知识与技能。

（2）过程与方法。

（3）情感态度与价值观。

具体来说可从语言角度（幼儿学习并理解字、词、句；理解故事内容，积极回答问题，复述故事等）、社会角度（幼儿情感体验、价值观等方面）、科学角度（通过故事掌握哪些科学常识）、艺术角度等方面制定。

二、确定教学重点、难点

教学的重点是指学科或教材内容中最基本、最重要的知识和技能，即基础知识和基本技能，简称"双基"。

教学的难点一般是指教师较难讲清楚、学生较难理解或容易产生错误的那部分内容。

语言教学设计
注意事项

三、教学方法的选择

教学方法是教师和学生为了实现共同的教学目标，完成共同的教学任务，在教学过程中运用的方式与手段的总称，在有关"语言"教学的过程中，建议教师可以采用以下几种方法：

1. 故事记忆法

把"语言"内容用一些恰当的关联词语或过渡句串联起来，形成一个完整的故事。这样幼儿听起来生动有趣，易于理解记忆。此方法适合于诗歌教学。

2. 构图记忆法

教师根据"语言"内容，画出相应图画，制作活动的图片或幻灯片，让幼儿结合图片或幻灯片学习。这种方法具有直观性和吸引力，能激发幼儿的学习兴趣。

3. 绘图记忆法

教师用简洁洗练的笔法，简略概括物体的造型，边画边讲"语言"内容。如教《值日生》时，教师先画一个眯眯笑的太阳，后画一个值日的小朋友，接着画桌子、椅子、图书柜、给花浇水等图案。这样形象直观，有利于幼儿理解内容，增强其记忆。

4. 提问记忆法

提问是激发幼儿求知欲和促进智力发展的有效形式。如教《小白兔》时，教师向幼儿提出这样几个问题：小白兔爱吃什么？毛是什么颜色？走路是什么样子？让小朋友互相讨论，孩子们的注意力容易集中，也记得牢。

5. 猜谜记忆法

让幼儿在听听、说说、猜猜中学习语言。如教《我说一，谁对一》时，教师先说出谜面，让幼儿答出谜底，这样教师和幼儿在游戏式的一问一答中，自然地进行教学，既让幼儿理解其内容，又能启发他们的思维和想象。

6. 表演记忆法

根据"语言"具体内容，编一些简单、形象、有趣的动作，帮助幼儿理解，通过动作表演，增强幼儿记忆。如教儿歌《别说我小》，其中"我会做什么"的句子不易掌握，可让幼儿表演穿衣、洗脚、擦桌、扫地、浇花等各种模仿动作，边做动作边学儿歌，符合幼儿好动的特点。

7. 情境记忆法

根据"语言"内容，创设具体可感的情境，让幼儿身心居于其中。如教《客人来了》，可先布置场地，然后两位小朋友扮演主人和客人，进行情境表演、对话，让幼儿在观赏中学习。

8. 操作记忆法

提供给幼儿可操作的材料，让幼儿和教师一起，根据"语言"内容进行摆一摆、拼一拼。如教《三只蝴蝶》时，教师先给幼儿红、黄、白三种颜色的纸，让幼儿折叠蝴蝶和花朵，然后和幼儿一起边复述故事边操作。这样幼儿在玩中学、玩中记。

四、活动准备

将课堂需要的物品准备好。教具既可以选择现成的，如画册、图片、录音光盘、课件等，也可选择各种动物玩具、木偶、桌面玩具。此外，教师还可以自制简易有趣的教具。

不同年龄班使用的教具应有所不同，小班宜多用具体、形象、生动、逼真的教具，如木偶、头饰、桌面玩具等，它们有形象，能活动，很符合小班幼儿的注意和思维特点。中大班宜采用富有象征性的教具，如图片、磁性教具、幻灯片、折纸等，象征性的教具符合中大班幼儿思维发展的水平和需要，过于逼真的教具反而会限制幼儿的思维和想象。

五、活动过程

1. 故事导入

创设情境，将幼儿带入文学作品之中，导入方式有：兴趣导入、情境表演导入、音乐导入、操作导入、游戏导入、故事导入、展示教具导入、直接提问导入等。如《野猫的城市》用兴趣导入，引出活动主题。

2. 引导幼儿理解作品

如《野猫的城市》中教师先讲述故事，然后再结合教具，生动形象地讲述一遍，使幼儿能够充分理解故事。

3. 帮助幼儿将文学作品中的经验转化成生活经验

如在《野猫的城市》故事中可以明确城市里有斑马线，斑马线在马路上，当人们过马路时，就要在斑马线上行走，城市是一个讲交通规则的地方。

4. 借助作品中的经验拓展幼儿多方面的能力

故事能培养幼儿的词语理解能力，加深词汇记忆；培养幼儿的语言组织概括能力与表达能力；培养幼儿的模仿能力与表现力；培养幼儿的想象力与创造力；培养幼儿良好的道德品质与审美情趣；故事还能对幼儿进行感性教育、挫折教育，丰富幼儿的词汇量，培养幼儿的注意力与语言的运用能力等。

5. 教师小结

（1）对幼儿表现的评价。

（2）对知识点的总结。

六、课外延伸

语言教学不是简简单单的教学过程，应由课内走向课外，这需要教师的引导。课外延伸能使幼儿的视野逐步开阔、能力逐渐加强，形成迁移的能力。如续编故事这一环节可以带领幼儿一边看图书、一边讲故事等。

强化训练

1. 认真观看并评价应彩云老师的课程《小兔分萝卜》，记录应老师的组织活动过程，说一说让你印象深刻的地方。

《小兔分萝卜》

2. 以小组为单位，录制一个幼儿活动的模拟课视频（活动领域不限），可以自己写教案也可以借用他人的优秀教案，活动上交以下材料：

（1）小组内部分工的明细表。

（2）活动教案。

（3）小组活动评价表。

教学活动教案纸

活动评价表

【教案设计示范】

等明天

学习目标：

1. 语言角度

（1）学习并理解字词：明天、盖房子、大家、做客。

（2）聆听故事，理解故事，复述故事大意。

2. 社会角度

（1）懂得珍惜宝贵的时间，养成今天的事今天完成、不拖拉的习惯。

（2）具有初步的责任感意识。

教学重点： 理解字词并复述故事

教学重点： 懂得珍惜宝贵的时间，养成今天的事今天完成，不拖拉的习惯，并具有初步的责任感意识。

教学准备：

①字词卡：明天、盖房子、大家、做客；CD。

②猴子图片 1 张，猴子、松鼠、大象、刺猬、青蛙头饰各 1 个。

③幼儿用书《早期阅读与识字》。

教学过程：

1. 导入故事

（1）教师出示猴子图片。

①小朋友们，看谁来我们班做客了？老师今天还带来了一个关于这个小猴子的故事呢！你们想听吗？

②多媒体播放故事一次。

（2）教师就故事内容提问幼儿，引导幼儿理解故事内容，并导出相应字词卡。

①下大雨了，小动物都回到自己的家，贪玩的小猴子怎么样呢？它是怎么想的？

②小猴子盖新房子了吗？

③小猴子的新房子盖好了吗？为什么？

④第二天，小猴子干什么了？

⑤朋友们来做客了，发现了什么？

⑥小猴子做了一个梦，它梦见了什么？它感觉怎么样？

⑦小猴子最后盖好新房子了吗？

（3）教师与幼儿讨论故事内容，引导幼儿要养成今天的事今天完成、不拖拉的习惯，并具有初步的责任感意识。

①小朋友们，你觉得故事里的小猴子值得我们学习吗？为什么？

教师要鼓励幼儿自由发言，大胆表达自己的想法。

②如果我们每个小朋友都像故事里的小猴子一样，今天的事情今天不做，拖到明天，明天的事情再拖到后天……会怎么样呢？请幼儿大胆想象，积极发言。

③小猴子请了很多的动物朋友来自己的新家做客，朋友们来了，发现小猴子还在睡大觉，朋友们心里会怎么想？小猴子这样做对吗？为什么？引导幼儿具有初步的责任感意识。

2. 带领幼儿理解、记忆故事

（1）教师复述一次故事，再次强化相关字词卡，并带领幼儿指读一次。

（2）请幼儿佩戴动物头饰，分角色表演一次故事。

教师小结：

师：故事里的小猴子盖房子总是等明天，最后，房子一直没盖好，下雨了，只能东躲西藏，被雨淋。那我们小朋友，如果今天的事来不及做，我们是不是像小猴子一样一直等明天呢？那我们该怎么做？（引导幼儿大胆思考，发表自己的意见）

教师总结：对，我们应该今天的事今天做，而且还应该说到做到、认认真真，这样才能把事情做好。

课外延伸： 玩词游戏

游戏一：龟兔赛跑

教师在黑板上画一个山顶，再画一段通往山顶的台阶，在每层台阶上放一张反扣的字词卡。将幼儿分成两组，游戏开始。两组幼儿轮流翻读字词卡，读对了就上一个台阶，读错了停在原地不动。获胜的组给予相应奖励。

游戏二：看看、说说、做做

教师将字词卡"盖房子""明天""大家""做客"随意贴在黑板上，请一组幼儿上台，分别给他们看字词卡，请他们根据字词卡说一句话或做一个动作表达对字词卡的理解。请台下幼儿说说台上幼儿看到的是哪个词卡，并从黑板上找到相应的字词。

拓展延伸

语言教学设计注意事项

1. 要真正地领悟《纲要》中的语言发展目标

我们要真想改变自己的观念，提高自己的教学水平，那么，请用心去理解《幼儿语言教育指导纲要（试行）》（简称《纲要》）中的语言教育目标。《纲要》中的语言教育目标是：

（1）乐意与人交谈，讲话礼貌。

（2）注意倾听对方讲话，能理解日常用语。

（3）能清楚地说出自己想说的事。

（4）喜欢听故事、看图书。

（5）能听懂和会说普通话。

2. 根据本班幼儿的发展水平选择适宜的活动教材，制定好本次活动的目标

在制定语言教育活动的目标时，应该包括认知、感情与态度、能力与技能三个方面的要求。通俗一点地说，就是通过活动，究竟想让幼儿知道些什么，愿意做什么，能够干什么。新理念指导下的幼儿故事教育活动注重的是发展幼儿运用语言进行讲述的能力。目标的制定从孩子的认识、情感、能力出发，措词中常常使用喜欢、乐意、能、知道等词来进行描述，关注的是幼儿学习的过程。这种观念真正体现了"以人为本"的教育观念。

3. 创设良好宽松的语言活动环境和氛围

学习需要有良好的语境，可促使幼儿听、说、想的欲望，这种良好、宽松的语境包括物质环境和心理环境。物质环境包括：适合这个活动的教具和充分的材料，活动场地、头饰等，通过这些物质环境和教具的制作给幼儿一种直观的感受，让他们置身于一种模拟的实境中，唤起幼儿情感上的共鸣，使其乐于说、敢于做，能激发幼儿积极应答，发自内心地去表述，为心理环境的创设提供前提基础。结合在活动中应给予每个孩子说话的机会，作为支持者和引导者的教师应引导、鼓励幼儿建立一种自信，使之连贯、大胆地对主题发表自己的想法。也就是说，教师要善于用目光、微笑、点头及身体语言给幼儿以赞赏和鼓励，让孩子在整个学习过程中表现出自由、主动，这也是良好、宽松的语言活动环境。

4. 采取多种方法整合的教学方法和教育方法

按《纲要》的主旨，语言教育应是听、说、读、写、观察、表演、思维、想象和操作等行为的整合，形式可以有谈话、讲述、故事表演、情境表演、指偶表演、看图表演；或者根据语言学习的内容，自编一些有趣的教学游戏。因此，在活动时教师应抓住各种契机，挖掘幼儿各方面的潜能，对幼儿的活动表现和教材内容有一种整体的意识，才能真正培养幼儿语言综合素养和能力。这就要求教师在活动的设计中以语言表述为主，引导和支持幼儿在与教师的合作中进行不同侧面的观察和感知，在不同层面的探索活动中应用不同的操作方式进行多元化的合作和分享，将整个活动有机地结合起来，让幼儿在单一的活动中进行综合性的获取与提高。如在故事教学中可采用听故事，看图说感受，以图或文字作记录，学表演，做游戏的活动并与内容有选择地、有机地整合于一体，既丰富了活动内容，又引导了不同水平幼儿的表现欲望，同时还提高了幼儿运用语言的能力。

5. 教师还要设计好要提问的问题，提高孩子的分析力、判断力

用启发式提问引导幼儿判断、推理故事情节，并鼓励幼儿用连贯、完整的语言说出自己的想法，为他们提供更大的想象余地；同时，在一次一次推理判断过程中，他们充分发表看法和见解，这进一步提高了他们分析能力、判断能力和语言表达能力。

6. 与其他领域互相渗透，结合自然

如：可在游戏时放点音乐，或者通过绘画表达自己的学习感受。

小马过河

小马和他的妈妈住在绿草茵茵的小河边。除了妈妈过河给河对岸的村子送粮食的时候，他总是跟随在他妈妈的身边寸步不离，他过得很快乐。

有一天，妈妈把小马叫到身边说："小马，你已经长大了，可以帮妈妈做事了。今天你把这袋粮食送到河对岸的村子里去吧。"

小马非常高兴地答应了。他驮着粮食飞快地来到了小河边。可是河上没有桥，只能自己趟过去。可又不知道河水有多深呢？犹豫中的小马一抬头，看见了正在不远处吃草的牛伯伯。小马赶紧跑过去问道："牛伯伯，您知道这条河里的水深不深吗？"牛伯伯挺起他那高大的身体笑着说："不深，不深。才到我的小腿。"小马高兴地跑回河边准备趟过河去。他刚一迈腿，忽然听见一个声音说："小马！小马！别下去，这河可深啦。"小马低头一看，原来是小松鼠。小松鼠翘着她那漂亮的尾巴，睁着圆圆的眼睛，很认真地说："前两天，我的一个伙伴不小心掉进了河里，河水就把他卷走了。"

小马一听没主意了。牛伯伯说河水浅，小松鼠说河水深，这可怎么办呀？小马只好回去问妈妈。

马妈妈老远地就看见小马低着头驮着粮食回来了。心想：他一定是遇到困难了。就迎过去问小马。小马哭着把牛伯伯和小松鼠的话告诉了妈妈。妈妈安慰小马说："没关系，咱们一起去看看吧。"小马和妈妈又一次来到河边，妈妈这回让小马自己去试探一下河水有多深。小马小心地试探着，一步一步地趟过了河。噢，河水既没有牛伯伯说的那么浅，也没有小松鼠说的那么深。他明白了，只有自己亲自试过才知道。

小马深情地向妈妈望了一眼，心里说："谢谢你了，好妈妈。"然后他转头向村子跑去。小马今天特别高兴，你知道是为什么吗？

卖火柴的小女孩

天冷极了，下着雪，又快黑了。这是一年的最后一天——大年夜。在这又冷又黑的晚上，一个光着头赤着脚的小女孩在街上走着。她从家里出来的时候还穿着一双拖鞋，但是有什么用呢？那是一双很大的拖鞋——那么大，一向是她妈妈穿的。她穿过马路的时候，两辆马车飞快地冲过来，吓得她把鞋都跑掉了。一只怎么也找不着，另一只叫一个男孩捡起来拿着跑了。他说，将来他有了孩子可以拿它当摇篮。

小女孩只好赤脚走，一双小脚冻得红一块，青一块的。她的旧围裙里兜着许多火柴，手里还拿着一把。这一整天，谁也没买过她一根火柴，谁也没给过她一个钱。

可怜的小女孩！她又冷又饿，哆哆嗦嗦地向前走。雪花落在她的金黄色的长头发上，那头发打成卷儿披在肩上，看上去很美丽，不过她没注意这些。每个窗子里都透出灯光来，街上飘着一股烤鹅的香味，因为这是大年夜——她可忘不了这个。

她在一座房子的墙角里坐下来，蜷着腿，缩成一团。她觉得更冷了。她不敢回家，因为她没卖掉一根火柴，没挣到一个钱，爸爸一定会打她的。再说，家里跟街上一样冷。他们头上只有房顶，虽然最大的裂缝已经用草和破布堵住了，风还是可以灌进来。

她的一双小手几乎冻僵了。啊，哪怕一根小小的火柴，对她也是有好处的！她敢从成把的火柴里抽出一根，在墙上擦燃了，来暖和自己的小手吗？她终于抽出了一根。哧！火柴燃起来了，冒出火焰来了！她把小手拢在火焰上。多么温暖多么明亮的火焰啊，简直像一支小小的蜡烛。这是一道奇异的火光！小女孩觉得自己好像坐在一个大火炉前面，火炉装着闪亮的铜脚和铜把手，烧得旺旺的，暖烘烘的，多么舒服啊！哎，这是怎么回事呢？她刚把脚伸出去，想让脚也暖和一下，火柴灭了，火炉不见了。她坐在那儿，手里只有一根烧过了的火柴梗。

她又擦了一根。火柴燃起来了，发出亮光来了。亮光落在墙上，那儿忽然变得像薄纱那么透明，她可以一直看到屋里。桌上铺着雪白的台布，摆着精致的盘子和碗，肚子里填满了苹果和梅子的烤鹅正冒着香气。更妙的是这只鹅从盘子里跳下来，背上插着刀和叉子，摇摇摆摆地在地板上走着，一直向这个穷苦的小女孩走来。这时候，火柴又灭了，她面前只有一堵又厚又冷的墙。

她又擦着了一根火柴。这一回，她坐在美丽的圣诞树下。这棵圣诞树，比她去年圣诞节透过富商家的玻璃门看到的还要大，还要美。翠绿的树枝上点着几千支明晃晃的蜡烛，许多幅美丽的彩色画片，跟挂在商店橱窗里的一个样，在向她眨眼睛。小女孩向画片伸出手去。这时候，火柴又灭了。只见圣诞树上的烛光越升越高，最后成了在天空中闪烁的星星。有一颗星星落下来了，在天空中划出了一道细长的红光。

"有一个什么人快要死了。"小女孩说。唯一疼她的奶奶活着的时候告诉过她：一颗星星落下来，就有一个灵魂要到上帝那儿去了。

她在墙上又擦着了一根火柴。这一回，火柴把周围全照亮了。奶奶出现在亮光里，是那么温和，那么慈爱。

"奶奶！"小女孩叫起来，"啊！请把我带走吧！我知道，火柴一灭，您就会不见的，像那暖和的火炉，喷香的烤鹅，美丽的圣诞树一个样，就会不见的！"

她赶紧擦着了一大把火柴，要把奶奶留住。一大把火柴发出强烈的光，照得跟白天一样明亮。奶奶从来没有像现在这样高大，这样美丽。奶奶把小女孩抱起来，搂在怀里。她们俩在光明和快乐中飞走了，越飞越高，飞到那没有寒冷，没有饥饿，也没有痛苦的地方去了。

第二天清晨，这个小女孩坐在墙角里，两腮通红，嘴上带着微笑。她死了，在旧年的大年夜冻死了。新年的太阳升起来了，照在她小小的尸体上。小女孩坐在那儿，手里还捏着一把烧过了的火柴梗。

"她想给自己暖和一下……"人们说。谁也不知道她曾经看到过多么美丽的东西，她曾经多么幸福，跟着她奶奶一起走向新年的幸福中去。

月亮姑娘做衣裳

夜晚，月亮姑娘出来了，细细的，弯弯的，好像小姑娘的眉毛。凉风吹得她有点冷，她就撕了一块云彩裹在身上，月亮姑娘想：我还是找一位裁缝师傅做件衣裳吧。裁缝师傅给她量了尺寸，让她五天以后来取。过了五天，月亮姑娘长胖了一点儿，好像弯弯的镰刀。她来取衣裳了，衣裳做得真漂亮，可惜太小了，穿在身上连扣子也扣不上。

裁缝师傅决定给她重新做一件，重新量了尺寸，让她再过五天来取。五天又过去了，月亮姑娘又长胖了一点，弯弯的像只小船。她来取衣裳，衣裳做得更漂亮了，可惜月亮姑娘连套也套不上。裁缝师傅涨红了脸，说："我只好重做了。"又是五天过去了，月亮姑娘来取衣裳，裁缝师傅看到月亮姑娘变得圆圆的，像一只圆盘那样，吃了一惊："啊，你又长胖了！"裁缝师傅叹了一口气，对月亮姑娘说："唉！你的身材量不准，我没法给你做衣裳了。"

原来，月亮姑娘每天都在变化，所以她到现在还穿不上合身的衣裳。你看，白天太阳公公出来了，她不好意思出来，只是晚上才悄悄地露面。

等明天

在一座美丽的森林里，住着一只小猴子，它整天玩呀玩呀，老玩个没够。瞧！天快下雨了，它还在荡秋千哪！大雨"哗哗"地下起来了，小松鼠急急忙忙跳上树枝，往树洞里钻，那儿就是它的家。小刺猬也连忙躲进了它漂亮的、像个大蘑菇似的房子里。只有小猴子在这儿淋着雨，因为它没有房子，没有自己的家。它东奔西跳，找不到一个躲雨的地方。小猴被雨淋得难受极了，它想："等明天，我一定要盖房子了。我要盖一座美丽的房子，有高高的屋顶，大大的门窗……"

雨停了，小猴又搬木头，又折芭蕉叶，看样子，好像真要动手盖房子了。可是，没干一会儿，它又想："天气这么好，还是多玩一会儿吧！等明天再说。"玩呀玩，天渐渐黑了，一天就这样白白地过去了。

第二天，太阳刚露出红红的笑脸，小松鼠就起来了，它采来果子当点心吃。啄木鸟一清早就开始了工作——给大树捉害虫。小猴子慢腾腾地起来了。它在干什么呢？原来，它是在画房子的图样。小猴先画了一个，看着房子小了，又画了一个大的。嗯！这个图样真不错，又大又漂亮！小猴子满意地笑了。小松鼠见了，担心地问："这么大的房子，你什么时候能盖好呀？"小猴子想也不想地说："快，明天，等明天就能盖好了。我要请很多很多的朋友来新房子里做客！"于是，小猴子就去请大象，请它明天到自己盖的新房子里来做客。接着，它又去请小刺猬、小青蛙。小青蛙马上"呱呱"地叫开了："猴子要盖新房子啦！明天请大家去做客！"

就这样，东跑跑，西逛逛，一天的时间很快又过去啦。小猴子跑累了，躺在软绵绵的芭蕉叶上，舒服极了。它说："天太热了，还是等明天盖房子吧！"

一夜过去了，大象驮着白兔和小刺猬，欢欢喜喜地来做客了，青蛙、啄木鸟骑在长颈鹿背上，摇摇摆摆地也来了。

可是小猴子还睡得正香，在做着甜蜜的梦呢！它梦见新房子盖起来了，真漂亮！鲜花为它开放，鸟儿为它歌唱，小猴子得意地说："我的新房子多漂亮啊！让客人们都来羡慕吧！"

客人们都来了，大伙儿热烈地向小猴子祝贺，青蛙唱起歌，仙鹤和松鼠跳起舞，大家尽情地唱呀，跳呀，快乐极了！客人们把小猴子抬起来，"一、二！"抛得高高的，接住，"一、二！"再抛得高高的，再接住……哎呀！房子好像在摇晃，好像也在跳舞。这是怎么回事？噢！原来是长颈鹿在抖动芭蕉叶，小松鼠正在叫它："小猴子，快醒醒，客人们都来齐了，你的新房子在哪里呢？"

小猴子睁开眼睛，它想了一下，说："我不是叫你们等明天来吗？我的新房子明天才能盖好呢！"大伙儿惊奇地说："等明天？难道今天不就是你昨天说的明天吗？要是今天下起雨来，看你往哪儿躲？"

也真巧，刚说下雨，真的下起雨来。客人们都急忙回家去了，只有小猴子东奔西逃，没有地方可以躲避。

这可怪谁呢？小猴子总是说"等明天，等明天"，结果什么事也没有做成。也好，大雨把它浇清醒了些，把这个"等明天"的坏习惯改掉吧！

小羊过桥

有一只小羊，身上长着白毛，头上有两只小角，叫起来"咩咩咩"的，大家叫他小白羊。

又有一只小羊，身上长着黑毛，头上有两只小角，叫起来"咩咩咩"的，大家叫他小黑羊。

小白羊和小黑羊都住在河边，小白羊住在小河东边，小黑羊住在小河西边，他们隔着一条河呢。

这条河不宽，可是很深，"啦啦啦""哗哗哗"，河水一天到晚流着。这可怎么过河呀？还好，河上架着一根木头，这就叫作独木桥。独木桥很窄很窄，只能走一个人。

小白羊住在河东边，可是他的姥姥家住在小河西边。小白羊常常走过独木桥去看姥姥，姥姥总是找了很多鲜嫩鲜嫩的青草，给小白羊吃个饱，才让他回家去。

小黑羊住在河西边，可是他的爷爷家住在小河东边。小黑羊常常走过独木桥去看爷爷，爷爷也找了很多鲜嫩鲜嫩的青草，给小黑羊吃个饱，才让他回家去。

有一天，天气很好，小白羊心里想：这样好的天气，我到姥姥家去一趟吧。

小白羊就一边"咩咩"地唱着歌，一边"嘀嘟""嘀嘟"地走上独木桥，向小河西边走去。

这时候，小黑羊也一边"咩咩"地唱着歌，一边"嘀嘟""嘀嘟"地走上了独木桥。原来小黑羊也要到小河东边去看爷爷呢。

小白羊朝西走，小黑羊朝东走，走着走着，走到桥中间，他们俩就碰头了。小白羊走不过去，小黑羊也走不过来。

小白羊把头一抬，对小黑羊说："退回去，退回去，快给我退回去！你知道吗，我要过桥看我姥姥呢！"

小黑羊一听，也把头一抬说："你退回去，你退回去！你看姥姥有什么要紧，我要过桥看我爷爷呢！"

小白羊生气了，瞪着眼说："你为什么要我退回去？是我先上桥的！你应该退回去，退回去！"

小黑羊也生气了，把小蹄子蹬得咯咯地响，大声说："什么？你让我退回去！哼，是我先上桥的！你应该赶快退回去，赶快退回去！"

说着说着，小白羊和小黑羊就吵起来了。他们越吵越凶，谁也不肯让谁。

小白羊发脾气了，他低下头，把两只角对着小黑羊冲过去。

小黑羊见小白羊冲过来，也低下头，把两只角对着小白羊冲过去。只听见"咚"的一声，小白羊和小黑羊的头撞在一起了；又听见"扑通""扑通"两声，两只小羊都掉到河里去了。

野猫的城市

森林里住着许多动物，它们都没见过城市，很想知道城市是什么样的。

有一天，从城里来了一只野猫，动物们见了，一起围着问长问短，想请它说说城市的事情。

野猫可得意啦。它摇晃着脑袋，东瞧瞧、西看看，然后皱着眉头说："城市太大了，我怎么能用嘴巴讲得清楚呢？"忽然，它拍拍脑门，"有了，让我来比画给你们看吧！"

野猫先让斑马躺在地上。它告诉动物们，城市有许多马路，人们过马路要踩着斑马线走。接着，它就带领所有的动物从斑马的身上走了过去。斑马躺在地上觉得受不了，站起来踢踢脚，说："看来城市是一个很疼的地方。"

野猫又叫小鹿驮着它，站到了花奶牛的身旁。它对动物们来讲城市很大很大，有一种地图像花奶牛身上的图案，这一块儿那一块儿表示不同的地方。野猫边说边用手指在花奶牛身上画来画去。花奶牛忍不住呵呵地笑着躲开它，说："看来城市是一个很痒的地方。"

野猫想了一想，又拍拍脑门说："对了，城市还有一个很特别的地方，城市里的爸爸都喜欢坐在抽水马桶上看报纸。"为了说明这点，它让大河马张开嘴巴当抽水马桶，自己坐在上面，又拉开小鼹鼠的两手装出读报纸的样子。森林里的动物们看得目瞪口呆，谁也说不出话来。正在这时，大河马闻到了一点儿不好闻的味儿，它打了个喷嚏，把野猫给扔了出来。哎哟，野猫刚落地，就听见小鼹鼠轻轻地咕哝："看来城市是个没羞的地方。"

野猫讲的城市没人要听了，森林里的动物都不喜欢野猫的城市。

有一天，一辆城里来的汽车开进了森林，车上下来了许多小朋友。动物们远远望着他们，都在想一件事："城市真的像野猫讲的那样吗？"

小朋友，如果你也从那辆汽车里走下来，你想对森林里的动物说些什么？你说我们城市是什么样的呢？

你看起来很好吃

很久，很久以前，在一个晴朗的日子里，山"嘭""嘭""嘭"地喷火，地"咚""咚""咚"地摇晃。就在这个时候，甲龙宝宝出生了。可是，在那么大的地方就只有他一个。甲龙宝宝觉得好孤单，抽抽搭搭地哭起来，一边哭一边走……

"嗷呜，嘿嘿嘿，你看起来好像很好吃。"霸王龙滴滴答答地流着口水，正要猛扑过去，就在这个时候……

"爸爸！"甲龙宝宝一把抱住了霸王龙，"我好害怕呦！"霸王龙吓了一大跳，不由得说："你怎么知道我是你的爸爸呢？"

"因为你叫我的名字呀，知道我的名字的，一定就是我的爸爸。"

"名、名字？"

"嗯，你说'你看起来好像很好吃'。我的名字就叫'很好吃'嘛。"

霸王龙瞪大眼睛。

"我饿坏了。""很好吃"开始嘎吱嘎吱地吃起草来。"真好吃！爸爸，你也吃点吧！"

"嗯……啊……还不如吃肉……不，不不不，爸爸不饿，你都吃掉吧。"

"谢谢。我多吃一些，早点长得像爸爸一样。"

"啊？长得像我一样……"霸王龙小声地说。就在这个时候……

吉兰泰龙走了过来，眼里闪着红光："嘿嘿嘿，看起来好像很好吃。"

"叔叔，你也知道我呀。"

"嗯——那当然，因为好像很好吃嘛！"

说着，吉兰泰龙就张大嘴巴，向"很好吃"猛扑过去。

咔嚓！

"啊呦——"

霸王龙护住了"很好吃"，然后忍着疼痛，啪地甩出大尾巴……

咣当！"很好吃"什么都不知道，还在一个劲儿地吃草。吃饱了，"很好吃"睡着了，睡得很香。看着它，霸王龙小声地说："你想长得像我一样啊……"

那天晚上，霸王龙心里一阵阵地疼，比背上的伤口还要疼。

第二天早晨，嘭！山又喷火了，响声吵醒了霸王龙。"很好吃"不见了。"他到哪儿去了呢？"

霸王龙嘣嘣地到处找：岩石后面，池塘里面，森林里面，草丛里面……

"会不会昨天的吉兰泰龙……"

就在这个时候，"爸爸！""很好吃"背着红果子回来啦。

"你吃这个吧。你不喜欢吃草，这是我从山那边摘来的，是不是很棒？"

"干，干吗走那么远？太危险了！"

霸王龙生气地大声叫着。

"对不起，我以为爸爸会高兴呢……对不起！"

"我知道了。好了，好了，不要哭啦。"

霸王龙说着把一个红果子啪地扔进嘴里。"谢谢，'很好吃'，真的很好吃哎。"

从第二天起，"很好吃"每天早晨都会去摘红果子。

不久，霸王龙开始教"很好吃"各种各样的本领。"'很好吃'，这是撞击。"

"很好吃"看着说："哇，太棒了！我也想早点长得像爸爸一样。"

霸王龙又教"很好吃"怎么甩尾巴。"很好吃"看着说："哇！太棒了！我也想早点长得像爸爸一样。"

霸王龙还教"很好吃"怎么吼叫。"很好吃"看着说："哇！太棒了！我也想早点长得像爸爸一样。"

就这样，日子一天一天地过去了。有一天晚上，霸王龙说："'很好吃'，我已经没什么能教你的了，今天，我们就分开吧，再见！"

"不要，不要！绝对不要！""很好吃"扑簌簌流下了眼泪。"我要长得像爸爸一样。我一定要和爸爸在一起！"

"'很好吃'，你不应该长得像我一样。不，你也不会长得像我一样。""不要，不要！绝对不要！"

"好，那么，咱们赛跑吧，看谁先跑到那座山上。如果你赢了，我就会一直和你在一起。"

"我，我不会输的。"

"很好吃"擦了擦眼泪跑起来。

他拼命地往山上跑啊跑啊。

"我要一直和爸爸在一起！"

"很好吃"头也不回地，一个劲儿地往山上跑去……

"再见，'很好吃'。"

霸王龙小声地说着，吃下一个红果子。

单元四　与幼儿的语言沟通

　　幼儿教师的语言表达，不仅要取得幼儿的认同，更主要的目的是要与正处于语言发展阶段的幼儿进行语言交流，并且利用语言和幼儿进行情感、心灵的沟通，从而达到促进幼儿身心健康发展的目的。每一个幼儿教师应该根据教育对象的年龄特点和发展水平精心设计教育词汇，并且恰当地使用，这是幼儿教师与幼儿进行语言沟通的重要内容。

　　在本单元中，重点阐述幼儿教师怎样与幼儿进行日常的语言沟通，怎样培养幼儿养成良好的行为习惯，怎样进行幼儿游戏的语言指导以及优化教学口语。

第一节　怎样与幼儿进行良好的语言沟通

　　幼儿阶段正处于学习语言的最佳时期，而师生沟通离不开语言的交流。语言的交流就是教师与幼儿之间进行思想、情感的交流过程，也是形成、维护和发展良好师生关系的基本手段。加强幼儿园师生沟通不仅有利于幼儿健康成长，而且能使教师获得各种反馈信息，深入童心，体验工作的乐趣，进而促进幼儿身心全面和谐发展。

　　但在师生沟通过程中，常会存在幼儿年龄小、语言表达能力不强、主动与人沟通能力差、教师的权威地位等原因阻碍沟通，出现双方沟通困难或沟通无法进行的情况，此时教师掌握一些与幼儿沟通的基本原则就显得尤为重要。

体验分享

　　（1）回顾自己上幼儿园时遇到生活或学习有关问题的时候，是如何与老师进行语言沟通的，讲一讲你和老师沟通的具体事例。

（2）描述一下你和幼儿沟通的情景，说一说有什么困难。

案例导入

吃点心

　　午睡起床的音乐悠扬响起，孩子们一个跟着一个走出午睡室。去卫生间，洗过小手，静静地坐在椅子上等待保育员阿姨摆放点心。

　　今天吃的是银耳莲子羹。我一边观看孩子们吃点心，一边给孩子们整理衣服、梳梳小辫子。"老师，地下有东西，是莲子，"顺着李涵妤手指的方向，我看到第七组孩子们的桌子下面有几颗被扔掉的莲子。我看了一看说，"莲子，味道清香，营养丰富。吃了身体强壮、睡觉好，心脏好！不要浪费食物呀！是谁扔掉的呀？"我只是想知道是谁不喜欢吃莲子。可是让我吃惊的场面却是第七组的孩子们异口同声地说"不是我"，我用惊奇的眼神看着他们。方豪看着我说："不是我，我的在碗里呢？"我没有去看其他的孩子，可是郑意却自己说"不是我"，其他的孩子也忙着为自己争辩"不是我、不是我"。看着他们一个一个这么小就怕承担责任、怕认错，我的心里涌上丝丝苦涩的味道。我走到第七组孩子面前，看着他们的小脸，带着不悦的声调说："是谁扔的，老师不批评他。"黄闽涛看看其他孩子，看看我，慢吞吞地站了起来。涛涛平时挑食，吃饭慢，但是还没有发现他扔食物。也许今天的莲子他第一次吃吧，丝丝的苦味他不喜欢吃。于是我说："我不会批评你们，只要敢于承认就是好样的，粮食来之不易，我们在读《悯农》时，你们不都说要爱惜粮食的么。"之后我就给他们讲了列宁童年打碎花瓶、勇于承认错误，后来列宁却成了俄罗斯的伟大领袖，"小朋友们，他怕不怕承认错误呀？"，我亲切地问孩子们。"不怕"孩子们异口同声地回答我的问题。"那我们是不是也要做像列宁一样的好孩子呀？做错了事情不怕，只要及时改正，就是好孩子！"

　　我话锋一转，但语气仍是和蔼的："点心里的莲子都有谁扔到地下了？"

诚实

我的话语刚刚讲完，教师里安静了不到三秒钟，小朋友们相继都站起来承认了错误。

这件事情过去了，可《诚实的孩子》这个故事在孩子们的脑海里打下了烙印，后来班上的嘉嘉说："我以后玩捉迷藏要离花瓶远一点。打坏了我要快点和奶奶说，这样奶奶就不会骂我了！"王俊毅好像也想起来什么，也在和安琪讲，我只听见安琪在说："上次是我把家里的水龙头弄坏的，我说是妈妈弄坏的，可是爸爸不相信，我今天回家和爸爸说是我弄坏的，我不能说是妈妈。"

分析与提示：

一、老师应帮助孩子树立正确的观念

案例中孩子们有意避开自己的错误，老师通过讲《诚实的孩子》这一故事让幼儿们不但认识到自己的错误，而且为了避免以后幼儿们继续犯同样的错误，老师及时和孩子们做了交流、沟通，以至于孩子们相继承认错误的同时也达到了老师预期的教育目的。比如：案例中老师看到桌子下的莲子，知道那些莲子不是一个孩子扔的，可一时又查不清是谁扔的，如果武断地做出判断又怕伤害孩子。这时，老师通过讲故事的方法让孩子们认识到自己的错误并勇于承认错误，进而帮助孩子们树立正确的观念。

二、老师说话语气需委婉

案例中事情发生以后，老师并没有严厉地批评孩子，而是和蔼地说"我不会批评你们，只要敢于承认就是好样的，粮食来之不易，我们在读《悯农》时，你们不都说要爱惜粮食的吗。"这样不但可以缓解孩子们的紧张情绪，还能消除他们的抵触心理。此时需要老师站在孩子的角度想和说，才能让自己教学的每一句台词在讲台上变得形象而生动，才更加有利于老师和幼儿的沟通。

三、老师需换一种方式和孩子沟通

案例中当老师直接问是谁扔的莲子，没有孩子回应，但是当老师换了一种交流方式，通过讲故事启发孩子，并让孩子们一起讨论故事内容，让孩子们认识到列宁是个好孩子，进而认识到自己的错误。可见，简单的说教孩子们一般不喜欢听，也不好听明白，这时就需要老师换一种方式和孩子们进行沟通，说一些比较符合孩子们逻辑、心理的语言。此时，老师尽量运用口语化的语言和幼儿进行交谈，便于创造宽松环境，从而就会有利于孩子和老师交流。

案例中幼儿教师通过讲故事的沟通方法，使幼儿在老师讲完故事之后都相继承认了错误，这种沟通方式无疑是成功的。这位教师是如何做到有效而成功地与幼儿沟通的呢？教师与幼儿之间的有效沟通需要遵循以下几种原则。

一、尊重的原则

尊重的原则体现在教师与幼儿沟通中教师对幼儿所持有的态度，这种态度有时会直接影响师生沟通的顺利程度。

第一，教师要注意幼儿的心理需要，比如在幼儿园，幼儿希望老师全神贯注地看着他们，有时，他们怕老师看不见，会凑到老师的眼前，跟老师大声说话。三岁后的幼儿，又常常会让成人觉得他们很不听话，经常出现与成人对抗的情绪，而这些举动的出现，是源于幼儿内心尊重的需要。

第二，教师要以积极的态度来尊重幼儿，认真地倾听他们的诉说，对诉说的内容要做出积极的反应，比如点点头、微笑、询问、运用鼓励性的语言、身体的接触等表示，使幼儿感到与教师交流中有一份被关注、重视的尊重感，由此产生心理的极大满足，使幼儿与教师的情感产生共鸣，带给幼儿积极愉快的情感体验。

二、平等的原则

首先，老师要有"平等"意识，老师和幼儿建立一种人格上的平等关系，意识决定行动，有了"平等"意识，教师才会"蹲下来"与孩子讲话，这是师生沟通的基础，也是师生沟通的关键。其次，教师要主动创设与幼儿平等沟通的时机，放下做教师的架子，虚心向他们"请教"，做几回学生。比如，在某幼儿园中，当小朋友们都在玩游戏的时候，欢欢小朋友对照着小卡片搭直升机、照相机等物，立体感很强。教师主动走过去要求他教给老师，他很惊奇，眼睛睁得很大，仿佛在说："你是老师，怎么不会呢？"明白了他的心理，教师说："老师也有不会的东西，不会就要向别人学。"听了老师的话，他点了点头，开始教老师怎样来搭直升机，不仅这样，他还乐意教别的小朋友。事后，他充满自信地对别的小朋友说："老师搭的这个直升机，还是我教给她的呢！"第二天一大早，欢欢妈妈就向老师反映欢欢在回家路上，跟她说了许多在幼儿园里的事情，了解了欢欢在幼儿园的情况。接着晨间活动时，欢欢又玩起了昨天的玩具，还迫切地拉着老师的手，告诉老师关于他的秘密：他喜欢搭飞机和小汽车，长大了要开汽车……这虽然是一些小事情，但是幼儿感受到了来自老师的平等对待，无疑开启了幼儿的心灵，为今后幼儿与教师主动沟通打下了良好的情感基础。

三、适时的原则

适时的原则是指教师要把握与幼儿沟通的时机。沟通时要注意把握沟通的时间、地点、考虑幼儿所处的环境，以及幼儿的生理状况及情绪，通过这些，调整与幼儿沟通的内容，积极寻求与幼儿沟通的契机，只有把握了这些，才会使沟通产生事半功倍的效果。例如，幼儿在专心致志于某一件事或很入迷地玩游戏时，教师最好不要打扰他，当他完成了或需要帮助时，你再过去，抓住这样的时机与他沟通，会使沟通的进程和内容都收到意想不到的效果。

四、接纳的原则

接纳的原则即教师站在孩子的角度，用宽容的态度，在充分理解幼儿的基础上，进行沟通。这时，幼儿在情感上易于接受教师的启发和劝导，有利于问题的解决。

有一个小朋友名叫小雨，他刚到幼儿园的时候，总不能和别的小朋友玩到一起，不给大家玩，还抢小朋友的玩具，对谁也不理不睬。一天上午，游戏刚刚开始，就有小朋友喊："老师，小雨又抢我的玩具了！"老师快步走到他们这组，用眼睛寻找小雨，"他在桌子底下。"见此情景，老师连忙蹲下去，拉着他的手，老师没有立即责怪他，并且还和他一起玩起了玩具。过了一会儿，小雨就说："老师，我想玩那边的玩具！"老师抓住时机给他说："好玩的玩具大家都想玩，能抢别人的玩具吗？"老师指明绝对不能抢，而是和其他小朋友一起玩才对。在这样宽松的气氛里，老师和他讨论了如何与小伙伴进行交往和游戏，如何协调自己和同伴的关系，并且在以后的活动中，尽量创造机会多让小雨和小伙伴一起游戏，于是同伴告他状的声音渐渐减少了，小雨脸上的笑容也越来越多，再也不会钻桌底下了，而是变得越来越活泼、越来越开朗。当幼儿在遭到挫折时，他们往往希望寻求成人的同情和接纳。如果成人对孩子表现出接纳，会有效地缓解甚至消除幼儿的紧张心理和不安情绪，即使在幼儿的所作所为并不合乎情理的情况下，教师也要先接纳幼儿，等他们情绪的"风雨"过后，再与幼儿细作理论，这时幼儿能接受教师的引导和帮助，从而有效地保护幼儿的自尊，更好地解决问题。

五、针对性的原则

教师的教育教学语言要有一定的针对性，教师要掌握与不同年龄阶段幼儿沟通的语言能力。

1. 对小班幼儿教育教学口语的运用

小班幼儿神经系统发育还不完善，知识经验少，理解能力差，思维还处于具体形象阶段的初期，因此教师要做到：

（1）词语简单易懂，多用短小的语句。可用叠音词，向幼儿提问，要问的具体，答案最好一句话。

（2）表扬或批评内容具体，有情感色彩。便于幼儿理解。

（3）态势语稍多，语气稍夸张。这些能帮助幼儿加深教师所教的内容。

（4）语言拟人化。小班幼儿认为猫狗等都和人一样会说话，具有"灵性"。

（5）语速慢，多重复。这样，小班幼儿容易接受。

2. 对中班幼儿教育教学口语的运用

中班幼儿的思维仍处于具体形象的思维阶段，教师的语言依然要具体、形象。但是，中班幼儿的语言接受能力和表达能力又比小班有所增强，所以，教师口语可以有以下几点变化：

（1）句式多样化，语言表达的内容更丰富。

（2）提问的内容稍宽泛，答案有多种。

（3）语言重复次数少。

3. 对大班幼儿教育教学口语的运用

大班幼儿的思维水平虽然仍处于形象思维阶段，但是由于神经系统的发育越来越完善，他们已经具备了初步抽象思维的萌芽，对此，教师口语可以有以下几点变化：

（1）语言中出现一些表示概念的词语。大班幼儿对事物的类别有了初步认识，教师可以教他们一些诸如此类的词语，如：蔬菜、水果、动物等。

（2）复句增加。大班幼儿对事务及其关系有了进一步理解，教师在教育口语表达中可适度增加复句的数量和难度。

（3）语言概括、简洁。值得一提的是，虽然大班、中班和小班的幼儿思维水平和理解能力有所不同，但是，总体来说还都处于幼儿的水平，教师的教育教学口语仍然要符合幼儿形象思维的特点。

强化训练

（1）5岁的乐乐，很爱画画。一次，江老师来领乐乐的时候，乐乐正在专心致志地画画。江老师对她说："乐乐，你能把你的画收起来吗？老师在等你上钢琴课呢。"乐乐头也不抬地说："不，我还没画完画。"此时作为幼儿教师的你该怎么解决这一问题呢？

提示：

此时老师应该：语气肯定、直截了当地告诉乐乐收起画板，而不应：语气委婉、目的不明，导致孩子对你不理不睬。不妨这样来说："乐乐，把画收起来，钢琴课的时间到了。"乐乐听后，就会乖乖地把没画完的画收好。

（2）某幼儿老师对一群4岁左右的小朋友说："每一个小朋友都应该爱护图书。"但是没过多久，就发生了书被撕破的事件，当老师责问犯错误的小朋友"为什么不爱护图书"时，小朋友问："老师，爱护是什么意思？"此时如果这个老师是你，你会怎么解决这一问题呢？

提示：

面对4～5岁的孩子，作为老师一定要注意用词必须具体、形象，而不应：抽象、笼统，导致幼儿根本不理解你说话的意思，也就达不到沟通的目的。

（3）在实验课上，一个年轻的实习老师计划教4～5岁的孩子学会播种。她这样说道："小朋友，今天我们要学习播种。请每一个小朋友都去水池边拿一个小纸杯，到门口的蓝桶里盛上大半杯泥土，然后到我这里领一粒种子。然后把种子埋进泥土里，再到水池那儿接一点儿水，最后把纸杯放在水池边的台子上。"听完实习老师的指导后，有的孩子站起身，但不知道要做什么；有的孩子仍然坐在地毯上，看着老师；有的孩子去拿纸杯；有的孩子去捧了些泥土……假如你是那位实习老师，你如何向一群4～5岁的孩子准确传达你的信息呢？

🖋 **提示：**

此时的你应该循序渐进、耐心仔细，而不应"一厢情愿"，把所有问题全部和盘托出，搞得孩子一头雾水，不知先从何处着手开始活动，切记不可高估一个4～5岁孩子接收信息的能力。

（4）4岁的可可经常打人，一次，他又在打另一个小朋友。钱老师看见后，就急忙过去制止，并严厉地对可可说："今天老师已经告诉你多少次了，不要打人？"可可嘟囔着："不知道（多少次）。"钱老师加重了语气："5次了！"说完，却发现可可对钱老师的话并没有羞愧或内疚。钱老师的做法有什么不妥吗？请讨论。

🖋 **提示：**

老师应该直奔主题、简单明了，而不应话中有话，因为这一群孩子无法理解你的潜台词，所以一定要根据幼儿年龄特点去进行语言上的沟通和交流。

（5）一天，幼儿园组织春游，爸爸妈妈可以同去，但孩子们都自己背着午餐。午餐时，4岁半的李琪突然号啕大哭起来。妈妈赶紧过来看她，问怎么了，李琪说："我不喜欢苹果，可是你在我的午餐包里放了苹果。"说着，她就要把苹果扔掉，她妈妈制止了她，她还是哭着说："我不要苹果放在我的午餐包里，我不要。" 妈妈走过来威胁她说："如果你还哭，我们就留你一个人在这儿了。"话音未了，李琪哭叫得更大声了。此时你作为老师应该怎样积极帮助解决这一问题呢？

🖋 **提示：**

此时的你应该换一种语气对她说："不要哭了，老师帮你把苹果吃掉，行了吧？"这一招根据幼儿心理应该管用。可见作为老师应该注意说话语气，做到语言积极，而不应"威逼利诱"，否则只能导致事态扩大化。

（6）组织幼儿喝水，大多孩子都陆续起身排队，可唯独有一个叫毛毛的孩子不但不起来还自顾自地在那里埋头画画，当多数幼儿已经站好的时候，毛毛才起身，然后向队伍的最后边走过去。就在他经过另一小朋友欢欢的桌子前时，他看到有几个小朋友正在看欢欢的画，于是他拿起桌子上的黑色勾边笔就在欢欢的画纸上随手画了两下，这时平平跑过来告状说："老师，毛毛在欢欢的画上乱画。"毛毛也跟着平平过来，冲着老师得意地笑，一副沾沾自喜的样子！作为幼儿教师的你是向他大发脾气呢，还是想办法和他沟通呢？

🖋 **提示：**

（1）注意交流的时机，此时老师应该等毛毛喝完水再蹲下来和他谈话。谈话可能会出现这样的

情况。教师："为什么在欢欢的画上乱画？"他一脸坏笑地说："我想试试他的勾边笔还有没有墨水？"教师点点头："哦！你用这种方式检查彩笔有没有墨水啊？"他点点头，依然很得意地冲教师笑。教师说："那你为什么不在自己的纸上画呢？"他说："我怕弄脏我的画。"

（2）学龄前是情感发展的关键期，在这个时期，对幼儿应该进行随机教育，培养幼儿"关爱他人"的优良品质，有助于幼儿良好个性的形成，而且使幼儿在与人交往、学习互动、合作与分享等各方面得到更好的发展，有利于其成年后与他人建立良好的人际关系。此时不妨拿出一支绿色的水彩笔，在他准备画草地的位置上随手画一下，看他的反应，如果大哭，就此找到突破口进行随机教育效果就会事半功倍。

拓展延伸

一、幼儿教师与幼儿沟通的语言特点

幼儿园教师在和幼儿沟通过程中，除了应该注意语言表达的诚恳、温和、妥帖和幽默以及语调的亲切、委婉之外，还应该关注语言的规范和语言的速度等方面的问题。

1. 语言需规范

幼儿园教师的语言规范性，一方面，表现在教育过程中要使用普通话；另一方面，幼儿教师一定要注意教师语言的音量控制，否则会不同程度地影响幼儿语音的失控，从而导致幼儿语言有时出现声嘶力竭。所以，教师一定要坚持使用普通话，用轻音的表达方式，才会缩短与幼儿之间的距离，也才能创造一个温馨的环境氛围，这样在老师语言的影响下，孩子的语言也会表现得文雅而又文明。

2. 语速需适中

教师的语言速度实际就是教师在教育过程中，其心态、情感、情绪的表达方式。语言速度的适中程度往往与教育沟通和教育效果有着密切的关系，那种过慢和过快的语速都不利于教育的沟通。特别是现在有些幼儿园普遍存在着教师语速太快的问题，曾有家长忐忑不安地说："每次我听到老师过快的语速，我就会感受到她的不耐烦和草草了事的心态。"在面对教师急速的语言时，作为家长很担心，"我的孩子受得了这种语言速度吗？"这就需要我们教师用正确的教育观念、亲切的语感、平和的语调、适中的节奏、适宜的话语，去应对家长和幼儿。

3. 用语需细化

幼儿园的教育工作离不开教师语言的支持，教师也总是需要运用职业语言来进行教育工作。根据职业语言的表达方式，将幼儿园教师的职业用语分为以下五种类型：

（1）**指令性语言**。指令性语言是教师用于指导或引导幼儿思考与行为的带有指向性与规定性的语言。多半用于幼儿常规性行为与习惯的培养，一般需要非常明确地告诉幼儿应该考虑的问题和应该做的事情，或是不应该考虑或不应该做的事情，这种指令性语言的指向与要求越明确效果也

就越好。如：请吃好饭的小朋友到盥洗室漱口，请第一组小朋友按照不同颜色把皮球放进球筐里等。

（2）引导性语言。 引导性语言是教师用于引发幼儿介入、参与各种教育活动，或推进教育活动逐步深入时的一种导入性语言，需要教师着眼于幼儿的即时兴趣和现有水平，根据特有的教育情景引发幼儿的积极思维，并引导幼儿主动地介入教育的情景之中。一般通过材料导入、主题导入、问题导入、情境导入、目标导入、兴趣导入而引发的教育用语。例如：《三只蝴蝶》的故事（附后），可以这样引导：

问题一：三只蝴蝶是好朋友，他们为了能在一起，宁愿淋雨，你认为这样做对吗？

幼儿反应：认为对、不对和不知道的，各占三分之一。

老师回应：为什么？

认为"对"的幼儿说"他们是朋友"；认为"不对"的幼儿说"会被雨淋，被雨淋是会生病的"；说不知道的幼儿则摇摆于前两者的观点中，或不明白为什么蝴蝶会被雨淋，他们没有雨伞吗？

问题二：如果不想被雨淋，该怎么办？

部分幼儿回答：可以分开在花朵下躲雨。

老师回应：那三只蝴蝶就得分开了，他们还是不是好朋友呢？

部分幼儿：是。

老师引导：可不可以在雨停后，大家再做好朋友呢？

幼儿反应：可以。

问题三：除了在花朵下躲雨外，还有其他的方法吗？

幼儿回答：可以在叶子下躲雨，在泥洞里躲雨，飞到房子里躲雨……

这样，通过一系列的引导性语言，开拓了幼儿的思路，使故事具有一种开放式的结构，变得更丰富了，同时也符合了现代人的思维方式。

（3）激励性语言。 激励性语言多半是教师用于对幼儿的一种肯定期待与鼓励性的语言，幼儿十分容易接受。作为幼儿园教师，应该了解幼儿的情感需求和心理需求，充分利用激励性语言，不断地加强对激励性语言的运用研究，逐步形成相应的运用策略，以支持幼儿健康成长。

在这里根据幼儿的不同个性，老师应该灵活运用以下几种不同的激励性语言：

第一，胆小缺乏自信的幼儿适宜用鼓励、赞赏式激励性语言。 针对此种类型的幼儿，老师应用亲切的语调以及和蔼的目光等手势语帮助孩子打消胆怯和不自信，鼓励他们勇敢地回答问题。

第二，攻击性较强的幼儿适宜用启发、假设、判断式激励性语言。 此种类型的幼儿其优点是能分辨是非，缺点是个性强、控制能力差。一旦出现生活或学习上的问题后，教师一定不要急于用强制、指责的方式处理，应用启发、假设、判断式的语言引导孩子们发现、认识自己的错误。

第三，依赖性较强的幼儿适宜用疑问、反问式激励性语言。 依赖性较强的幼儿一般不善于动手或动脑，当教师提出问题后，他们总喜欢重复别人的讲述。针对此情况，教师在教学中应采用疑问式和反问式激励性语言鼓励他们独立思考。

如讲述故事时教师可不按图书的内容有序地讲述，而是先让幼儿和教师一起看图书，然后再请幼儿提问，说说有什么看不懂的，请幼儿边看边听，再提出既看不懂也听不懂的问题。

第四，抗挫能力较差的幼儿适宜用建议式激励性语言。这类幼儿心理一般比较脆弱，对自己没有信心，遇到挫折时容易放弃努力、容易转移兴趣。对于这类幼儿，教师多采用建议式激励性语言，让他们在建议式激励性语言中获取成功，从而更有信心地去面对新的挑战。

（4）沟通性语言。作为教师需要与幼儿、家长、领导及各方人士进行语言的交流，尤其是教师与幼儿的语言沟通更是幼儿教育的重要组成部分。教师只有了解幼儿、读懂幼儿，才能与幼儿进行心灵的沟通。

（5）评价性语言。评价性语言是幼儿园教师在教育过程中经常使用的工作用语，通常是教师对幼儿的某种需要、动机和行为进行的一种评判性语言。主要表现为：肯定性评价语言、赞赏性评价语言、鼓励性评价语言、批评性评价语言、否定性评价语言。教师还要注意：不要将评价语言仅仅当作对幼儿行为的评判，还要考虑到幼儿内心的需求来激发幼儿的表达欲望。

二、故事

三只蝴蝶

花园里有三只蝴蝶。一只蝴蝶是红色的，一只蝴蝶是黄色的，一只蝴蝶是白色的。他们天天在花园里一块儿游玩，非常快乐。

有一天，他们正在草地上捉迷藏，突然下起了大雨。

他们一起飞到红花那里，齐声向红花请求说："红花姐姐，红花姐姐，大雨把我们的翅膀打湿了，大雨把我们淋得发冷了，让我们飞到你的叶儿下避避雨吧！"

红花说："红蝴蝶的颜色像我，请进来；黄蝴蝶，白蝴蝶，快点飞开！"

三只蝴蝶齐声说："我们三个好朋友，相亲相爱不分手，要来一块儿来，要去一块儿去。"

雨下得更大了，三只蝴蝶一起飞到黄花那里，齐声向黄花请求说："黄花姐姐，黄花姐姐，大雨把我们的翅膀打湿了，大雨把我们淋得发冷了，让我们飞到你的叶儿下避避雨吧！"

黄花说："黄蝴蝶的颜色像我，请进来；红蝴蝶，白蝴蝶，快点飞开！"

三只蝴蝶齐声说："我们三个好朋友，相亲相爱不分手，要来一块儿来，要去一块儿去。"

三只蝴蝶一起飞到白花那里，齐声向白花请求说："白花姐姐，白花姐姐，大雨把我们的翅膀打湿了，大雨把我们淋得发冷了，让我们飞到你的叶儿下避避雨吧！"

白花说："白蝴蝶的颜色像我，请进来；红蝴蝶，黄蝴蝶，快点飞开！"

三只蝴蝶，一齐摇摇头说："我们三个好朋友，相亲相爱不分手！要来一块儿来，要去一块儿去。"

　　三只蝴蝶在大雨里飞来飞去，找不着避雨的地方，真是着急呀！可是他们谁也不愿意离开自己的朋友。

　　这时候，太阳公公从云缝里看见了，连忙把天空的乌云赶走，并吩咐雨别再下了。

　　天晴了，太阳公公发出热和光，把三只蝴蝶的翅膀晒干了。三只蝴蝶迎着太阳，一块儿在花园里快乐地跳着、舞着、游戏着。

三、教育家名言

　　儿童教育专家多罗茜·洛·诺尔特有一段经典名言：

　　如果一个孩子生活在批评之中，他就学会了谴责。

　　如果一个孩子生活在敌意之中，他就学会了争斗。

　　如果一个孩子生活在恐惧之中，他就学会了忧虑。

　　如果一个孩子生活在怜悯之中，他就学会了自责。

　　如果一个孩子生活在讽刺之中，他就学会了害羞。

　　如果一个孩子生活在嫉妒之中，他就学会了嫉妒。

　　如果一个孩子生活在耻辱之中，他就学会了负罪感。

　　如果一个孩子生活在暴力之中、地狱之中的话，他就会成为魔鬼。

　　如果一个孩子生活在鼓励之中，他就学会了自信。

　　如果一个孩子生活在忍耐之中，他就学会了耐心。

　　如果一个孩子生活在表扬之中，他就学会了感激。

　　如果一个孩子生活在接受之中，他就学会了爱。

　　如果一个孩子生活在认可之中，他就学会了自爱。

　　如果一个孩子生活在承认之中，他就学会了要有一个目标。

　　如果一个孩子生活在分享之中，他就学会了慷慨。

　　如果一个孩子生活在诚实和正直之中，他就学会了什么是真理和公正。

　　如果一个孩子生活在安全之中，他就学会了相信自己和周围的人。

　　如果一个孩子生活在友爱之中，他就学会了这世界是生活的好地方。

　　如果一个孩子生活在真诚之中，他就会头脑平静地生活。

第二节　怎样培养幼儿良好的行为习惯

　　幼儿正处在个性和道德品质形成的萌芽时期，从小培养幼儿良好的行为习惯是幼儿园和家庭教育的一项重要任务。现在的孩子大多是独生子女，由于家庭教育中存在种种问题，导致相当一部分幼儿形成了诸多不良习惯，隔代教养更是对幼儿产生了很多负面影响。

　　鉴于幼儿自我调节行为能力较差这一现象，亟待教师在日常生活中及时与幼儿进行交流沟通，除了丰富幼儿生活经验之外，还要帮助他们学会判断是非对错，逐步养成良好的行为习惯。

体验分享

　　（1）你在幼儿园见习时看到幼儿有哪些好习惯和坏习惯？它们分别又是怎样养成的呢？

　　（2）怎样才能养成良好的行为习惯？说一说自己的见解。

案例导入

抢椅子事件

　　在幼儿园大班三班活动室里，区域活动刚结束，大部分孩子洗好手坐在座位上等待午餐。我走到外面走廊提醒玩"创意拼搭"游戏的孩子尽快把玩具收拾整齐。这时，从活动室里传来了一阵"思仪加油！子翊加油！"的呐喊声。我循声望去，只见思仪和子翊这两个孩子手里正紧紧抓住一把椅子，用力地抢来抢去，旁边围了很多看热闹的幼儿，嘴里不停地喊着"加油"。两个抢椅子的幼儿听到呐喊助威声，更来劲了，拼命抓住椅子不放。这时正在分饭的保育员走过去，不由分说地从争抢得正起劲的两个孩子手里夺过椅子。加油声戛然停止，活动室里突然静得出奇。加油的孩子很快坐到自己的座位上，争抢椅子的两个孩子愣了一会，走到旁边拿别的椅子坐下。我回到活动室，一脸的不高兴，孩子们注意到了我的表情，似乎也意识到自己刚才的错误行为，静静地等待着我的"发落"。"刚才怎么回事？"

孩子七嘴八舌地说起抢椅子的事。我问："你们两个为什么抢椅子？"思仪说："我先拿到椅子，子翊又来抢！"我问子翊："为什么那么多椅子你非得抢那张？"子翊说："因为我喜欢那张椅子！"我又问："谁带头喊加油？"孩子们又开始检举揭发，"为什么喊加油？"孩子们面面相觑……我生气地说："刚才抢椅子和喊加油的小朋友都站起来好好想想，你们这样做对不对？"十几个犯"错误"的孩子不好意思地站起来……

最近班级抢椅子现象时常发生。虽然"抢椅子""抢玩具"是幼儿园屡见不鲜的现象，可今天这种如此"热闹""壮观"的场面不能不引起我的关注：孩子为什么老爱抢椅子？为什么起哄？应该怎样处理？是这样简单地阻止了，还是应该分析这现象背后的原因，并找出解决问题的有效对策呢？

分析与提示：

面对孩子的这种行为，教师是该先了解原因，还是该这样简单地给予批评指责了事？这样简单的阻止方法真的能杜绝抢椅子现象的再次发生吗？或是将"坏事"转化为"好事"，让孩子从这一事件中去获得一些有益的经验？

一、分析原因

每一事件的发生都有其产生的动机和背景。经反复分析，导致孩子争抢椅子的可能原因是：

（1）由于班级的塑料椅子颜色不一样，高低不相同，新旧程度也不相同，孩子们喜欢新椅子、红椅子，也喜欢高椅子，这应该是"抢椅子"现象产生的外部原因。

（2）如今的独生子女是家里的小皇帝、小公主，只要是自己喜欢的东西就没有得不到的，强烈的占有欲心理应该是引起争抢椅子的内部原因。至于"加油！"的"热闹"场面，可能是由于当时老师不在现场，调皮的孩子钻了空子。好玩刺激的加油声引起多数孩子的兴趣，使他们仿佛置身于有趣刺激的传统"抢椅子"游戏之中。

二、解决该问题的主要思路

（1）可以引导孩子自我反省，让他们学会换位思考，学会宽容、理解别人，更多时候能想到"也许他比我更需要"。

（2）应逐步培养孩子自己解决问题的能力，教师尽量减少干预，作一个中间者、辅助者，多给幼儿提供自己解决问题的机会，让他们自己去寻找解决"纠纷"的方法。

（3）在一日活动中，教师采用各种方法让孩子体验与同伴一起学习、一起游戏所带来的快乐，创造一种和谐的环境氛围，让幼儿真正理解哪些行为是不良行为习惯，并找出原因，从而更自觉、更主动地改变自身的不良行为。

为此，建议案例中的老师采用以下方案，让幼儿从真正意义上理解"争抢"行为的错误，从中学会解决问题、学会与人交往、学会分享与谦让。

①聊天谈心：了解幼儿，让其意识到自己行为的不当；

②集体讨论：共同探讨解决问题的方法；

③调整椅子：排除争抢椅子的客观因素，给每个椅子固定小主人；

④情感体验：换位思考，体验行为后果；

⑤开展活动：为了拓展小朋友思维，可以在开展活动后提一些问题：

比如，哪位小朋友告诉老师：椅子是用什么做的呢？如果在争抢时磕碰到自己会怎样呢？进而引导小朋友：请你与自己心爱的小椅子交朋友，好吗？接下来请小朋友们先为椅子起个好听的名字吧！这么可爱的小椅子脏了怎么办呀？请小朋友告诉老师。

教育策略

幼儿是形成行为习惯的关键时期，所谓"少成若天性，习惯成自然"。幼儿教育如何抓住这一有利时机，及时培养幼儿良好习惯是素质教育的重要内容。

一、幼儿行为习惯养成的教育内容

1. 道德习惯

道德习惯是指在道德意识支配下出现的较为稳定、持久的道德行为，它是确定道德观念和道德信念的基础。一个人有了道德习惯，社会觉悟和社会准则才能成为其精神财富。道德习惯具体包括以下内容：文明礼貌习惯，关心他人、关心集体，遵守纪律，遵守交通规则、注意个人安全习惯，诚实守信的习惯，爱护公共财物的习惯等。

2. 生活习惯

生活习惯是幼儿每天日常生活中所表现出来的有关饮食、起居、卫生、消费等习惯，如按时睡觉，按时起床，积极锻炼身体，禁止随地乱丢瓜果皮壳，禁止随地吐痰、饭前便后洗手，早晚刷牙，勤洗澡，勤换衣，勤剪指甲，不乱花钱等。

3. 活动习惯

活动习惯是指在活动过程中由于多次重复和练习而巩固下来并变成内心需要的活动方式，它包括独立思考的习惯、积极参与活动的习惯等。

4. 劳动习惯

劳动习惯是指幼儿在日常生活中所表现出来的热爱劳动、善于劳动，并掌握一定的劳动技能的行为习惯，如做好班组值日工作、做力所能及的家务劳动等。

二、幼儿行为习惯养成的方法和途径

1. 教师规范自己的行为习惯，并制定严格的督促检查制度

良好行为习惯的养成是一件长期艰巨的任务。教师首先要提高自己的道德修养，形成良好的习惯，成为幼儿学习的榜样。由于幼儿的自觉性差、自控力弱，行为习惯容易出现反复，因此要建立严格的检查督促制度，做到教师检查与幼儿之间检查相结合、定时检查与随时抽查相结合，常抓不懈，习以为常。

2. 教师应设置多种问题情景，对幼儿进行模拟行为训练

由于习惯具有情景性的特点，教师在行为习惯的训练中，注意创设多种问题情境，具体做法有：利用教室环境布置创设行为情境；利用角色扮演，创设假想情境；利用评价性语言和主题活动，创设竞赛情境；利用偶发事件创设批判情境；利用音乐语言，创设想象情境。通过多种情景的创设，使幼儿沉浸于其中，模拟体会、批判分析，从而形成正确的行为认识，产生积极的情感体验，继而养成正确的符合角色要求的行为习惯。

3. 教师要巧用激励机制，强化幼儿的良好行为习惯的养成

教师要巧用激励机制，通过有声语言和肢体语言以及师生之间的情感来强化幼儿的行为习惯，为行为习惯好的幼儿们提供更多游戏活动的机会和更多自由时间，形成一种合理的激励机制，促进幼儿良好行为习惯的形成。例如，公开表扬先进，在幼儿中树立学习的榜样；在学习生活中，实施"小红花"的激励措施。

4. 教师要充分利用家园配合的力量，一起矫正幼儿的不良习惯

幼儿不良行为习惯的成因是多方面的，有家庭教育不当、社会环境不良，也有自身发展水平较低等原因。在此提供以下几种矫正措施：

（1）**示范作用**。家长和老师都有必要做好示范榜样作用，教师在幼儿园给孩子树立榜样，家长在家庭中给孩子做好示范，这样幼儿就会在示范的引导下养成良好的行为习惯。例如：一小朋友在园中辱骂另一小朋友，使得其他小朋友都不喜欢他，都孤立他，为此作为幼儿老师首先要和家长沟通，绝对不能当着孩子的面说不文明的话，孩子的模仿性很强，家长的语言对孩子习惯的养成至关重要，有必要让家长做些与幼儿有关的言行记录。这样既有利于孩子的成长，也能在孩子心中树立家长威信，促使家长和幼儿一起进步。

（2）**加强沟通**。幼儿园教师及时和家长沟通交流，互换信息是非常必要的。例如：当孩子在幼儿园出现了骂人等不良习惯，教师一定要及时和家长沟通，了解孩子在家里的表现，教师和家长共同讨论原因所在，商量解决策略，多方面为孩子的发展创造环境。

（3）**目标一致**。坏习惯的养成是一个长期过程，而习惯的矫正更需要多次反复，当遇到明显具有不良习惯的幼儿时，作为老师首先就要做到不急躁，还要持之以恒，相信一定能够做好。此

时，作为幼儿的教师和家长其教育目标一定要一致，否则会前功尽弃。例如，有的幼儿在幼儿园有爱打人的不良习惯，此时作为老师肯定会对此类幼儿进行教育并且告诉他："打人是不对的，和小朋友应该做到和睦相处，要学会礼让，这样你的朋友会越来越多，否则，就没朋友和你玩了。"而回到家里幼儿有可能会遇到与之完全相反的教育，作为家长可能会对孩子说"谁打你就打谁，不要吃亏"等之类的话。此时作为幼儿会很困惑，不知道听谁的，到底谁说得对。家庭和幼儿园出现这种教育目标不一致的情况，非常不利于孩子的身心健康发展，孩子也不会改掉打人的坏习惯，为了避免出现此类现象，家庭和幼儿园的教育目标必须一致。

强化训练

（1）有一个叫青青的小朋友，她刚入园时老师让她洗手，她总是说"我不洗"，或者说"我的手洗干净了"。尤其户外活动回到活动室时，她坐在小椅子上闹着就是不肯洗手。经和家长沟通才知道，青青在家吃饭之前去洗手是一个老大难问题，青青还经常为不洗手的事情遭到爸爸的训斥，老师想了很多的办法都没用。此时，作为幼儿老师的你该如何和她进行语言上的沟通以解决此类问题呢？

提示：

教师可以以游戏的方式引起幼儿洗手的兴趣，例如"拔萝卜洗手法"。教幼儿洗手"先拔萝卜（卷袖子），擦肥皂，手心搓一搓，手背搓一搓，冲一冲水，甩三下，擦擦毛巾小手好。"根据幼儿年龄特点，分步进行，一次只讲一个动作，帮助幼儿掌握正确的洗手方法。

（2）在日常生活中常常发生这些事情：有些幼儿容易发脾气，躺在地上拼命用两只小脚踩地板，大哭大叫；有些幼儿喜欢在玩某些玩具的时候，让其他小朋友无条件地给他……对这些行为你会怎么处理？

提示：

教师对他们的行为绝不能采取姑息的态度，听任它发展下去。而是想办法采取符合幼儿心理特点以及幼儿思维规律来激发他们的内在因素，采取竞争机制，让他们养成良好的行为习惯，让他们学会互相帮助、团结合作的良好习惯。

（3）刚上小班的时候幼儿行为习惯一般较差，有的吃饭不专心、有的东张西望、有的吃饭很慢，随着幼儿年龄的增长，幼儿之间交往的需要也不断地增加，吃饭时讲话的现象也会逐渐增多，此时作为教师该如何处理呢？

提示：

首先，教师一味地提醒不是解决问题的好办法，而是应该调动幼儿的内在因素，激发他们的上进心，才能让幼儿变被动为主动，自觉遵守纪律。其次，可以采用"最佳餐桌"的激励措施，列出标准对幼儿进行鼓励。这样一来，幼儿们就不会像以前那样处处让教师提醒，良好习惯也会逐步养成。

（4）中 A 班有个新小朋友叫魏晓蕾，胆子特别小，他不习惯集体生活，不相信自己的力量，即使是最简单的事情，也往往不敢去做。此时作为幼儿老师的你该怎么办呢？

提示：

首先教师应该帮助他树立自信，多给予他鼓励。先让他做一些简单的事情，锻炼胆量，然后逐渐训练他在同伴面前讲话的习惯，让幼儿自己体会行为中成功的快乐，自觉地制止不好的行为习惯。

拓展延伸

在一日活动中培养幼儿良好的行为习惯

一、一日活动中课程必须生活化、游戏化

幼儿的年龄特征决定了幼儿游戏与学习、生活是分不开的。幼儿在 3～6 岁是身体、智力、情感和社会性飞速发展的时期，其中大部分时间是在幼儿园度过的，幼儿年龄特点决定了他们需要通过游戏的方式才能更好地学习与生活。老师在引导幼儿学习的过程中，必须选择与幼儿生活息息相关的内容，通过反复练习操作帮助幼儿积累经验。如：老师在教幼儿"世界商贸银行"游戏时，把幼儿分成 6 人一组，共分成 5 组，每组发放工具若干件，制造不同形状的纸币，规定在 5 分钟内完成，然后把纸币存到银行，数量最多者就是最后的胜利者。在游戏过程中，需要每一组把多余的工具相互交换成自己这一组需要的工具才能完成，这样幼儿不仅在愉快的游戏中学到了集体相互配合的良好行为习惯，而且还学会了独立思考、不怕困难的良好品德，达到了幼儿在乐中学、学中乐的效果。

二、一日活动中对幼儿多表扬、多鼓励，少惩罚

教师在一日活动中要横向看待每一个幼儿，发现他们的闪光点，多表扬、少惩罚。比如：所教的班级是一个行为习惯很差的班级，有不团结友爱的、有不讲卫生的、有不懂礼貌的、有乱丢东西的，针对这种实际情况，作为教师该怎么做呢？可以采取"每日轮流班长的活动"，在这个活动中，教师一定要及时总结："今天的小班长哪些方面做得好，哪些方面稍微差一些呢？请小朋友们举手告诉老师吧！其实啊，很多小朋友的表现都很棒，刚刚通过小朋友的举手发言，指出了小班长有些地方还做得不够好，希望继续努力，争取下一次轮到你的时候做得更好，好不好？"这样既达到了锻炼幼儿的目的，又让幼儿明确了今后努力的方向。

三、借助文学作品的力量，贯穿一日活动

优美的文学不仅能陶冶幼儿的情操，还能让幼儿明白什么是真、善、美，还可以教育他们做一个品学兼优的好孩子。比如，引导孩子背诵《三字经》《弟子规》《论语》（青少版）等书籍，这对培养孩子养成良好的行为习惯是非常有利的。

幼儿教师与不同年龄幼儿的说话

第三节　怎样运用正确的语言指导幼儿游戏

　　许多中外学者都认为，3～6岁是幼儿生理和心理发展的最重要时期，也是幼儿才能发展最重要的时期，而幼儿教育离不开游戏，幼儿年龄越小就越离不开游戏活动。游戏是幼儿生活不可缺少的重要组成部分。幼儿在游戏中学习，在游戏中增进知识、增长才干，又在游戏中启发智慧。总之，游戏是幼儿接受早期教育的一把金钥匙，游戏是进行幼儿教育的一种重要手段。

　　鉴于孩子不同年龄特点玩游戏的内容也会不同，本节重点阐述教师在幼儿自主性游戏中怎样进行语言指导。

体验分享

　（1）你最喜欢的游戏是什么？从中有什么感受？

　（2）你认为幼儿游戏都有哪些？对幼儿有什么作用？

案例导入

　　案例一：幼儿在玩开商店游戏时"售货员"和"顾客"都很正常地进行业务往来。这时，扮演"售货员"的幼儿说店里很忙，邀请教师来帮忙，可老师却说"你自己的问题自己解决"。这样幼儿就悻悻地走开了，叫了一个又一个小朋友，都没能前来，以至于游戏都无法继续开展。

　　案例二：玩"菜市场"游戏时，菜卖完了，孩子们的游戏便卡壳了，没法往下进行，教师用提示性的语言"我们一起加工一些吧。"引导孩子们自己动手画、剪、捏、缝等，熟菜加工车间便热火朝天地开起来了。

　　案例三：娃娃餐厅里有人正在切菜，教师走过去问："你做什么菜？"幼儿想了想说："炒菠菜。"教师又问："你们有人在做饭吗？"幼儿听后恍然大悟，连忙对另一幼儿说："你快做饭吧，等一下，饭和菜要一起吃。"两个幼儿由同时切菜变为一人切菜、一人做饭。他们心中确立了共同的目标："开饭"，并且知道饭和菜是要一起上的。从而使该项游戏由平行游戏转化成联合游戏。

分析与提示：

在上述几个事例中，教师介入幼儿游戏有不同情况，分别对之分析、阐述。

在案例一中，教师的目的是想培养幼儿的自理能力，可老师没有考虑到幼儿还不具备自己解决此类问题的能力。教师可以用一两句简单的建议性提示，帮助幼儿明确想法，促进游戏顺利开展。

在案例二和案例三中，老师做了巧妙的语言指导和及时介入，对幼儿起到了一个很大的帮助作用，这是非常有意义的介入游戏方式。当幼儿的游戏遇到了困难而他们又无法解决时，可能会导致游戏情节的停滞不前。如果老师的介入能促使游戏继续开展、游戏的情节获得拓展，那就是必要的和适宜的。

教育策略

为了更好地帮助幼儿自主地开展游戏，并且从中受到良好的教育，下面简单地介绍几种教师在幼儿自主性游戏中的语言指导策略。

一、采用"疑问式语言"指导

疑问式语言指的就是一般以询问的语言方式出现，主要的目的是帮助幼儿把游戏进行下去，及时反馈幼儿的游戏行为，启发幼儿的思维。幼儿在游戏中总是反映自己原有的经验，教师的问题可以帮助他们拓展思维的空间，从不同的角度去获取经验，使生活中零散的经验得以整合。

幼儿教师启迪语之有效提问

什么情况下用疑问式语言呢？教师根据幼儿游戏开展的情节需要，觉得幼儿需要帮助或有指导的必要时，而不是单纯了解某种游戏的情节，如："这是什么呀？你在干什么呀？"

教师要有目的地设计问题。类似的语言有："你跑来跑去是在干什么呀？"（用于了解游戏的情节），"家里除了爸爸和妈妈以外，还有谁？"（用于帮助幼儿解决争抢角色的纠纷），"如果你想要的玩具没有了，怎么办呢？"（用于引导幼儿学会用替代材料），"你什么时候给你的病人打针？"（用于提醒幼儿明确自己的角色，促使幼儿养成做事有责任的习惯），"警察的工作是不是只能抓坏人呀？"（用于帮助幼儿对警察职业的进一步的关注，达到丰富游戏情节的效果），"拿不下了怎么办？"（引导幼儿思考更为合理的方法）。

需要注意的是，当老师发现幼儿需要帮助时，不要一厢情愿直接指导，可以问问幼儿是否有困难，是否需要老师的帮助，如："你有什么需要帮助吗？""要不要我来帮助你"等让幼儿感到有自主体验的语言。

总之，教师要注意根据幼儿游戏的情节发展需要，根据游戏中存在的主要问题，提出有针对性

的问题，这样的语言看起来是在提出问题，实质上是把幼儿面临的问题描述出来了，把幼儿需要解决的问题摆在幼儿面前，让他们以自己的方式去寻求解决的途径，起到促进游戏情节发展的功效。

二、采用"建议式语言"指导

建议式语言是指有些建议的语言也是以询问的方式出现的，与询问式语言不同之处在于它不仅提出问题而且还给予具体的暗示。常用"这样试试……""如果不行再想想别的办法""我要……，可是没有……"等句式来达到指导的目的。如：当发现一个幼儿试图把娃娃放在堆满东西的桌上，而又不方便摆弄玩具时，老师可以用这样的语言指导："我觉得如果放在旁边会更好！"当幼儿在"德克士"因买不到油条而争执时，老师可以建议说："德克士没有油条卖，我们再开个卖油条的店吧！"当发现幼儿用不同的积木尝试着搭建一个东西不成功而想放弃时，老师可以直接拿出最合适的积木对幼儿说："用这块积木试试看。"这样使幼儿既接受了老师的指导，同时也感觉到了自主和尊重。

三、采用"鼓励式语言"指导

老师用鼓励式的表扬可以促进幼儿良好的行为习惯及规则意识的形成，而对于幼儿在游戏中的某些不良行为习惯及违规行为，老师不一定直接指出来，而是用一种激励式的正面语言，把希望幼儿出现的行为要求提出来，让他们知道该怎么做。如：看到幼儿把玩具洒落在地上，老师就说："×××小朋友把地上的玩具都收拾好了。""×××小朋友自己想办法解决了问题，真能干！""×× 今天愿意与大家一起轮流玩玩具了。""如果声音再大一些，我们就会听清楚了。"等语言。老师及时发现并反馈幼儿游戏中的行为表现，可以充分调动幼儿游戏的主动性和积极性，潜移默化地影响着孩子的行为。

四、采用"澄清式语言"指导

幼儿游戏是对现实社会生活的反映，他们自己并不知道筛选，对游戏中一些不明白的事情，或幼儿模仿了一些不良现象，教师不能随便评价，而应该引导幼儿加以讨论、澄清，帮助他们形成正确的价值观。这种语言的运用要建立在充分观察的基础之上，可以当时就用，也可以在游戏讲评中运用。如：有的"警察"到"餐厅"吃饭，不给钱就走了。如果这个问题幼儿并不介意也就算了，但是"餐厅"的老板一定要他交了钱再走，他却说"警察"吃饭是可以不给钱的。这个问题就值得老师让大家讨论："警察买东西到底可不可以不给钱？"以帮助幼儿梳理经验，澄清对警察的不正确的片面理解。

五、采用"邀请式语言"指导

对于游戏中的弱者或无人问津的区域，教师可以运用邀请式的方式。如："我们一起去吧？""你可以帮我理发吗？""请问你知道'加油站'在哪里吗？"等这样的问题来提高他们的游戏兴趣和愿望，带领他们进入游戏情景，促进他们与其他幼儿的交往，让他们体验到参与游戏的快乐和成就感。

六、采用"角色式语言"指导

当发现游戏情节总是处于停滞状态时，教师以角色身份参与到幼儿的游戏中去。如："我是超市送货的，你们需要帮忙吗？"等语言，不仅会使游戏的情景得以丰富，而且还会使幼儿感到亲切和平等。但在运用时要注意把握幼儿已有的经验，切忌超出幼儿经验的范围，露出"导演"的痕迹。

另外，当幼儿在游戏中严重地违反规则或出现攻击性行为时，教师该怎么给予幼儿及时的指导呢？可参考以下两种方式，一是转移其注意力，二是立即用语言和行为加以制止，如：当看见一幼儿正拿着一根木棍向别人的头上打去时，教师别无选择的方法是立即用行为和语言加以制止，如："你这样做很危险。""你不能这样做。""请停下来"等语言来达到结束幼儿不良行为的目的。

总之，在幼儿自主性游戏指导中，教师灵活运用指导语言，抓住适当的时机，加以点拨、启发和引导。这不仅有利于提高游戏指导的有效性，而且能促进幼儿自主学习能力的发展。

强化训练

（1）某幼儿园，孩子们正做游戏。娃娃的妈妈沙沙从游戏开始就忙着炒菜；爸爸张浩在超市与家之间来回"奔波"，看起来他一点都不累；娃娃却被扔在一旁无人照顾。娃娃家游戏的内容显得有点单调、乏味，难以继续展开情节。作为教师，你会怎样指导？

（2）某幼儿园，中班的其其是一个性格很内向的孩子，平时一到玩游戏的时候就一个人坐在那里，处于一种旁观的、无所事事的状态，以至于同伴对他很少在意和关注。有一天，游戏开始后，他又开始这里摸摸，那边看看。作为教师，你会怎样指导？

（3）只见豆豆抱着一个冰墩墩的玩具来到"医院"，指着冰墩墩的脖子对欢欢说："它感冒了，有点咳嗽。"欢欢看了看豆豆，用手指着冰墩墩的脖子问："是这里吗？"豆豆点了点头，只见欢欢随手从玲玲手里拿过针筒对着冰墩墩的脖子就插了下去……作为教师，你会怎样指导？

（4）田田和佳忆正在"医院"里给病人看病。这时，丑丑抱着娃娃来了，田田拿着听诊器听了听说："发烧了，要输液。"丑丑把娃娃放在小床上，田田拿一个橡皮筋绑在娃娃的手上，并做了一个把针管插入手背的动作，挂好输液瓶后说："下午还要来哟。"丑丑急忙说："不行，我下午要上班呢。""那你的宝宝就要死了。""你的宝宝才要死了。"丑丑很生气地叫道。作为教师，你会怎样指导？

（5）请分析下面情境中两位老师在幼儿游戏中的做法。

场景① 时间：上午11∶00～11∶30；地点：中A班教室内。

一个幼儿用玩具砸别的幼儿，老师甲气势汹汹："你要干嘛，过去。到那边那组去。"说罢，一把抓起积木，对其他幼儿怒吼："大家都不许玩了。"

场景② 时间：上午11∶00～11∶30；地点：中B班教室内。

中B班自由活动，教师乙在教几个幼儿下棋。此时，教室另一角落的幼儿发生冲突，乙上前解决。"扬扬不哭，告诉老师发生了什么事？"（幼儿哭诉）"你怎么会拾到飞机呢？""你可

以问人家'这是谁的飞机，没人要的话，可以给我吗？'不能去把别人的飞机拿掉呀，你知道吗？"（此时许多幼儿涌上来告状）"好了，老师知道了。好了，不要说了。老师给他讲过了，他是不对，但你们也不应该用那么凶的态度对他。老师处理了，不要再说了。"

提示：

在场景①中，教师对幼儿的不当行为进行粗暴批评和制止；而场景②中，教师则善于处理游戏中的突发事件，调节好幼儿的纠纷，营造幼儿的合作精神与谅解精神。

教师对幼儿的表扬或批评，以及教师对幼儿行为问题的处理方式、对幼儿的信任程度都会影响幼儿在同伴中的地位和受欢迎程度。

（6）请尝试解决幼儿教师资格考试的一道面试题。

1. **题目：** 搭积木

2. **内容：**

　　小班的东东自己一个人在搭积木，可是他搭了四、五块积木就倒了，连续了好多次都这样。老师观察到他搭积木的时候很随意，有时候把小块的积木放下面，有时候把小块的积木放中间，而且积木与积木之间都没对齐……

3. **基本要求：**

（1）请用现场提供的积木模拟演示 2 种帮助东东的方法。

（2）回答问题：为什么采用这样的帮助方式。

（3）请在 10 分钟内完成上述任务。

4. **主要考核目标：**

考核考生了解幼儿、技能技巧和反思能力。

提示：模仿是小班幼儿主要的学习方式，要运用亲切自然的方式，避免给幼儿压力。可以采用以下两种方式：第一种，走到幼儿身边，对幼儿说"我和你一起玩儿积木，好吗？"幼儿同意后说："你搭一块儿，我搭一块儿，你先搭，我看看两块儿是不是对齐了"；第二种方法，走到幼儿身边，自言自语地说："我也来玩儿搭积木"，然后边搭边说："我把大的积木放下面，这块小点儿的放上面，这块儿更小的放到最上面，我看看都对齐了没有啊？看我搭得多高！"

拓展延伸

浅谈 0～6 岁幼儿游戏发展历程

游戏是孩子的基本活动，它能满足幼儿身体、认知、社会性和自我意识等多种发展需要。因此，古今中外的幼儿教育家都非常重视游戏在幼儿发展中的作用，不同年龄阶段的幼儿游戏内容也不尽相同，下面对幼儿游戏的发展规律做一简单介绍。

一、0～2 岁幼儿以练习性游戏为主

练习性游戏是幼儿身心发展水平的表现。这一时期的幼儿身心发展都处于起步阶段，整个世界在他们眼中新鲜而陌生，他们需要利用一切机会探索和体验。这个阶段的幼儿探索周围世界的手段是感知和动作。他们喜欢用手摆弄玩具，也常把玩具放在嘴里吮吸，除此之外，孩子还常问"为什么"。此时对教师的建议有以下几点：

（1）**为孩子选择适当的玩具。** 选择的玩具具有安全性，能发声音的、色彩鲜艳的、会动的以及塑胶类的玩具。

（2）**留心发掘游戏机会。** 凡是能够给孩子适量感官刺激的、让他们运动的活动，孩子们都会喜欢，比如藏猫猫、蹦跳、爬楼梯、玩水、玩沙子等。

（3）**要用爱心和耐心支持幼儿的游戏。** 练习性游戏的典型特征是重复，这时老师要极具耐心才行，一定要理解孩子的游戏心理，不要责怪和训斥孩子。

二、2～5岁幼儿以象征性游戏、结构性游戏为主

随着幼儿想象力的迅速发展，2岁以后开始出现大量的象征性游戏，其典型特征：幼儿借助自己的身体或者其他物品，来再现不在眼前的事物和生活情景，如两臂张开说自己在开飞机，拿根棍子当马骑等。3岁之后幼儿游戏开始出现角色，如抱着玩具娃娃给宝宝喂奶，站在小凳子上指挥交通当警察。另外，在这一阶段的幼儿也非常喜欢结构性游戏，主要是搭积木、捏橡皮泥等。此时对教师的建议有以下几点：

（1）**根据孩子游戏发展的阶段提供相应的玩具材料。** 如：枕头当"宝宝"、纸盒当"冰箱"、雪糕棒当"针管"等。

（2）**教师参与其中，和孩子一起玩。** 孩子喜欢成人和他们一起玩游戏。比如，孩子把他烧好的"鱼"端来时，老师应该表现出浓厚的兴趣边"品尝"边赞扬并提出改进建议。

（3）**丰富孩子的经验，充实游戏内容。** 多带孩子到室外活动，丰富孩子的表象，激发孩子游戏的兴趣。

（4）**适时给孩子提出建议，提高游戏水平。** 当孩子因为老重复一个游戏出现厌烦情绪时，要适当给他一些启发和建议，来提升孩子游戏水平，增强孩子自信心。

（5）**让幼儿分小组做游戏。** 分小组游戏目的是让孩子不但学会合作，还能从中提高他们的交往技能。

三、5～6岁幼儿以合作性游戏为主

随着幼儿的身心发展，这一时期幼儿比以前更活泼、更活跃、更喜欢动手操作，也更具创造性，由于运动能力的增强，而喜欢集体性游戏，此时对教师的建议有以下几点：

（1）**根据幼儿智力、体力提供相应游戏材料。** 比如智力玩具类。

（2）**支持、指导幼儿游戏，组织好集体教学参加的游戏。** 比如，有的孩子在搭积木的过程中不懂得平衡原理，这时需要给予孩子一定的指导；同时，组织大型的教学游戏，如：音乐游戏——小手拍拍、火车开到北京去，体育游戏——老鹰抓小鸡、小兔拔萝卜等。

（3）**应对孩子拆玩具的策略。** 这一时期的孩子喜欢拆玩具，对此不要横加指责，可以把一些废旧的玩具给孩子游戏。

第四节　怎样优化幼儿课堂上的教学语言

教学是一门艺术，是一门师生交流的思想艺术，在幼儿园教学中幼儿教师也在尝试用各种语言吸引幼儿的注意力，有的老师极尽所能设置漂亮的道具，有的老师尝试极尽稚气儿化的语言，但真正起到决定性作用的是教师对教学口语运用水平的高低，本节重点阐述在幼儿课堂上如何优化幼儿老师的教学语言。

幼儿教师教学性说话的原则和要求

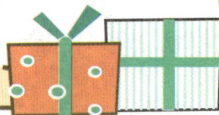

体验分享

（1）在幼儿教法中你学到了哪些教学语言技巧？请说一说。

（2）在见习时，你对教师的教学语言问题有什么感受和认识？

案例导入

　　第一次试验： 在一次认识"热胀冷缩"科学探索活动中，老师是这样设计活动的，她先将水银温度计插入热水中，等红色水银柱缓缓上升后，问幼儿："你们看到了什么？为什么细管中的红色液体会上升呢？"在被点名提问的孩子当中，多数人回答："因为外面是热的，所以水柱就上升了。"老师发现幼儿们回答得不够完整，也不够理性，就随即做了小结："因为温度升高了，液体的体积变大了，所以水柱上升了。"接着老师又一次演示将水银温度计插入冷水盆中，当红色水银柱徐徐下降时，老师再问幼儿："为什么温度计放入冷水中就会缓缓下降呢？"幼儿的回答又不够准确，老师心有不甘，就再一字一句地更正："因为温度降低了，液体的体积变小了，所以水柱下降了。"两次对话幼儿的回答与教师的标准差了中间一句，可老师一再纠正幼儿们以事实为依据的浮于表面的判断，这里反映了什么呢？

　　第二次试验： 可在另一个班的课上继续同样的实验时，老师改变了一种教学口语形式，得到的结果截然不同。同样的实验、同样的步骤，只是对语言稍作修正，问幼儿："温度高起来了，细管里的水宝宝会怎样？你能用自己的动作来表现吗？"

此时幼儿们异常兴奋，以一种形象化的动作诠释着自己的认知，使得那个深奥的概念在幼儿脑中变得活跃起来、形象起来，幼儿们也就轻而易举掌握住了这个科学小常识。

液体的热胀冷缩

分析与提示：

同样的科学小知识，仅仅因为教师改变了教学用语得到的结果截然不同。

第一次试验当中，教师的两次对话幼儿的回答与教师的标准差了中间一句，可老师一再纠正孩子们以事实为依据的浮于表面的判断，这里反映了什么呢？显然是孩子们见到了什么说什么，他们是注意到了条件和结果的，只是对条件和结果的必然关系还不能言明。而老师希望通过实验让幼儿洞察到真谛，可是幼儿又怎能将外界温度的变化与水银柱体积的大小联系起来呢？

第二次试验当中，教师对语言稍加修正，幼儿却欢呼雀跃，用身体语言诠释着这个深奥的科学道理。

可见幼儿教师的教学用语一定要针对幼儿年龄特点设计。首先，符合幼儿形象思维的特点，幼儿教学口语必须具有形象性。其次，还要带有一定的鼓励性。最后，关注教学用语的具体性，化抽象为形象，化一般为具体。

教育策略

在幼儿园教育中，教学口语是教师进行教育教学最基本、最重要的手段，也是师生间交流沟通的重要工具，那么如何优化幼儿教师的教学语言呢？下面分环节介绍教学语言的一些技巧。

幼儿教师教学口语

一、开讲技巧

俗话说："良好的开端等于成功的一半。"开讲是课堂讲授中的第一个环节，对幼儿来说，只有开讲吸引了他们，才有可能把整个教学进行下去。导入语的形式就有九种，即"激趣式、提问交流式、讲故事式、朗诵猜谜式、实验式、教具演示式、情景式、游戏式和机变式"等。依据不同领域的活动而选择合适的形式。例如，一位老师安排了一个情景：在中班社会领域活动《夸夸我的家》中，教师以"记者"身份进入教室，"我是某某报社的记者，听说中一班的小朋友正在开'好家庭展览会'，我想来采访你们，了解你们的好家庭，你们愿意介绍给我听吗？"幼儿纷纷说"愿意"。这极大地引发了幼儿的兴趣。

二、过渡技巧

我们的每堂课从旧课到新课，从一个教学环节到下一个教学环节，都需要一些承上启下、简明扼要的教学用语，这就是过渡语。过渡语既可以帮助幼儿加强对知识的记忆，又可以培养幼儿的逻辑思维能力。"引导"语言应该是五彩缤纷、多种多样的，因幼儿的实际情况而异，因课、因时而异。而过渡语则是教学环节间起连接、过渡作用的话。就像是缝衣服的线，将上下环节连接起来，故要求过渡语简短、粘连、藏而不露。过渡语经常以问题的方式过渡，让学生在思考中自然进入下一个教学环节。例如：在《野猫的城市》里，教师带领幼儿"分段欣赏故事内容"以后，要过渡到下一个环节"体验表达，结合幼儿经验谈城市的样子"。教师过渡过程中，先承上再启下"故事中的野猫有点自以为是，用了自己认为很正确的比喻，来描述城市，让森林里的动物觉得城市是一个很疼、很痒、并且很没羞的地方，动物们都不喜欢野猫的城市了。我们的城市真的是一个很疼、很痒、很没羞的地方吗？如果是你，你想对森林里的动物怎么介绍我们的城市呢？"所以在教学中一定要清楚合理地安排过渡语，促进幼儿连贯性思维的发展。

三、讲述技巧

讲述技巧是课堂教学的核心部分。一堂课是否有吸引力，幼儿是否感兴趣，是否能够达到预期的教学效果，关键就在于这个讲述了。讲解语主要是老师讲清"是什么""为什么"和"怎么做"等问题。要求老师在表述时清晰、准确、有趣，那么幼儿就能理解并知道该如何操作。讲述的技巧主要有：条理清楚，真情外露，抑扬顿挫，快慢适宜，绘声绘色，巧用修辞，另外还可以辅以肢体语言等。尤其是在给幼儿讲故事的过程中，教师应该学会用夸张的语气语调和适当的肢体语言来帮助幼儿理解故事。

四、问答的语言技巧

提问技巧是教学的一种重要手段。对于幼儿园的教学而言，提问的主要目的不是要求幼儿回答出一个正确的答案，而是锻炼幼儿的听说能力。所以，提问的关键是在于让幼儿有话可说、敢说、肯说、爱说。提问句常常紧扣活动的重点、难点来提问，促进幼儿思考，加深对活动的理解。提问句的形式也是多种多样，有填空式、过渡式、选择式、比较式、连环式、信息反馈式、错误诱导式、追本探源式等，比如：一位小朋友想让妈妈给她买玩具，她站在玩具店不动，不说要也不往外走，想看看妈妈有什么反应？妈妈也装着没看出她的意思，就这样，看看幼儿接下来怎么做？这叫信息反馈式的运用，幼儿在辨别中分清事实，从而达到施教的效果。

五、收课的语言技巧

收课的作用在于对讲述的内容进行归纳概括，深化所学内容在幼儿脑海中的印象。收课通常有：归纳总结式、展示式、拓展延伸式、行为评价式等。

归纳总结式：中班科学活动《小动物过冬》结尾。教师："刚才小朋友们都知道了动物过冬的方式和我们人类不一样，现在我请一个小朋友再说一说动物是如何过冬的？"幼儿回答，老师在旁鼓励并进行适当的补充。教师："刚才小朋友说了，小动物过冬的方式可能会不一样，有的冬眠如青蛙，有的换上厚厚的毛如野兔，有的飞到温暖的南方过冬，如燕子。"

展示式：小班艺术活动《花背心》。"小朋友们都把自己的背心打扮好了，现在我们把花背心穿上，到舞台上去展示我们的花背心，大家欣赏别人的花背心，也让别人来欣赏我们的花背心。"教师事先准备好了舞台及音乐，把幼儿带到舞台上，背景音乐响起，幼儿在舞台上轮流摆造型。注意，展示的机会应该是公平的，照顾到每一个幼儿的需要；展示的过程，可以帮助幼儿体验成功的喜悦，激发幼儿对以后学习的积极性；过程中注意引导幼儿进行欣赏，开展幼儿自评与互评。

拓展延伸式：大班活动《有趣的影子》。"我们今天知道了光和影子的关系，那么请小朋友们找一找，生活中还有哪些影子？影子又有什么用处呢？"结束时的拓展延伸是为了激发幼儿对相关内容进一步探索的积极性，因此提出的延伸问题应该与教学内容有所联系；还要注意考虑幼儿的已有经验，教师所延伸的问题难度要适中。

行为评价式：大班艺术活动《南瓜房子》。"今天小朋友们都画好了自己的南瓜房子，豆豆涂得颜色很均匀，乐乐画得线条很流畅，凯凯的房子很有创意，小朋友们画得都很认真，都比原来进步了许多。"评价语是老师对幼儿的思想行为或目前的发展状况，通过褒贬形式所作的总结和评判。评价语不但能让幼儿深入地了解自己，还能激发他们学习的积极性，培养良好的品质。

强化训练

（1）某幼儿园大班进行常识活动《认识萤火虫》一课的学习。老师是这样开始进入课堂学习："小朋友们，老师给你们讲一个小故事。有一天，一个小白兔去山上采蘑菇，可在回家的时候天黑了。此时，小白兔找不到自己的家了，于是急得就哭了起来。这时几只发亮的小飞虫飞过来了，对小白兔说：'别着急，我们来帮助你。'说着，他们把身后的小灯点得更亮了，很快地帮助小白兔找到了家。小朋友们想一想，这几只小飞虫叫什么呀？进而引导幼儿思考'这些小飞虫为什么会发光呢？为什么那么亮？是平常我们看到的灯光吗？它为什么会发光呢？'好，今天啊，我们一起来认识萤火虫。"请说一说，这样的导入有什么妙处。

（2）正在上计算课，突然一架飞机从教室上空飞过，声音震耳欲聋。"飞机，飞机！"一个小朋友尖叫起来。紧跟着，全班小朋友都转头东张西望，边看边嚷。有的还想离开座位到室外看看。这时，教师灵机一动："好呀，飞机，你也来听我们大班小朋友数数了。我现在找一位小朋友站起来数一数，数给飞机上的飞行员叔叔听听，好不好？""好！"按照平时养成的习惯，孩子们纷纷举起了小手。请说一说，你从这个案例中受到了什么启发。

（3）情景模拟训练，以小组为单位，从【拓展延伸】后的《长大做个好爷爷》语言活动教案进行幼儿园师生配合的情景模拟活动训练，教案可灵活修改。

（4）请观看语言游戏活动视频《金锁银锁》，分组记录教师的开讲、过渡、讲述、问答、收课各部分；先小组内部进行整理，说一说其优点，再说不足，不足的地方提出修改建议；然后全班进行总结、交流。

《金锁银锁》

一、教师教学语言需要注意的问题

教师的教学语言是教师能力素质中重要的内容和组成部分，是教师从事教育、教学工作，向幼儿传授知识，进行一系列教育活动的先决条件和必要条件。教师语言的优劣，直接影响着幼儿对知识的吸收及对学习活动的兴趣和积极性，也关系到教师教育教学的效果，那么教师的教学语言，应该注意哪些问题呢？

1. 教师的教学语言应当形象生动

幼儿的年龄特点决定了他们喜欢生动的、有趣的、形象的、活泼的语言，特别是加上了教师丰富的表情和适宜的动作，更容易为幼儿所接受和模仿。打击乐是幼儿老师最不愿上的活动课，教师们很担心组织幼儿活动时教学语言如果不到位，幼儿可能受乐器的影响，整个课堂氛围不受教师的指挥。再者，教师语言的不生动也可能激发不了幼儿的学习兴趣。在组织此活动时，教师可以把乐器化名为乐器宝宝，介绍响板这一乐器时教师可这样来描述："看！这是什么乐器？嘴巴张得大大的，好像一只小青蛙。"这样幼儿的注意力马上就能转移到教师手中的乐器上来。在使用打击乐器时，由于乐器能发出各种各样的声音，幼儿处于高度兴奋状态，活动氛围最不好受老师的控制，这时教师就运用语言的艺术性把幼儿带到自己的教学思路上来。如："听小板发出什么样的声音？嗒！嗒！听起来好像两只小皮鞋在走路一样。听教师的指挥，我们先按老爷爷走路的速度敲一敲乐器，再按爸爸走路的速度试一试，再学一学小朋友跑步的声音。"幼儿在教师形象生动的语言氛围中愉快地进行了节奏练习，避免了幼儿无规律的乱敲乱打。

2. 教师的教学语言应当具有感染性和亲和力

严肃、枯燥、缺乏活力的语言，往往压抑幼儿的求知欲，运用语言的感染性和亲和力却能以声传情，给幼儿一种亲切感。在组织《美丽的秋天》这一绘画活动时，教师可以这样创设语言环境。首先让幼儿们描述一下秋天的景色，教师以一个倾听者的角色倾听幼儿的发言，并适时地给予响应："是吗？老师怎么没发现这么漂亮的景色呢？你观察得真仔细。"其次教师用亲和的语言让幼儿在讲述的过程中享受大自然的美丽，也调动了全体幼儿绘画的积极性。

3. 教师的教学语言应当带有一定的鼓励性

教师的鼓励对幼儿来说是一种力量，再加上老师亲切的表情、爱抚的动作，会使幼儿受到极大的鼓舞，增强幼儿的自信心。诸如 "你真行" "再试一次，老师相信你这一次一定比上次做得还要好" "你们真棒，老师真为你们高兴" "你一定可以做得到" 等。适当的鼓励性的语言对幼儿的身心发展极为有利。

4. 教师的教学语言应当多一些探索性和启发性

幼儿教师的语言如同一把开启心灵、开启智慧的钥匙，教师探究性、启发性的语言能促进幼儿积极主动地观察周围事物，根据教学的重点、难点提出问题，使新的学习对象与幼儿已有的知识经验之间产生矛盾，引起幼儿的质疑。

二、教案设计示范

长大做个好爷爷

保定市青年路幼儿园　任海霞

活动名称： 大班语言活动

设计意图：

生命和爱是当今社会两个永恒不变的教育主题，也越来越多地得到了家长和社会的关注。在幼儿园开展生命教育最大的目的就是帮助幼儿认识生命、珍惜生命、敬畏生命、欣赏生命，从而让孩子能够正确面对死亡，克服对死亡的恐惧，深思自己的生命。就像张淑美学者说的：体会谦卑与珍爱，展现人性光辉，活出生命意义的教育。《长大做个好爷爷》这本图画书用简短的语言、细腻的画面巧妙地向孩子们呈现了关于生命的始终，原来死亡也可以如此的唯美，让孩子们在故事与画面的帮助下，真正体验生命的意义所在。

活动目标：

（1）欣赏故事及画面，理解爷爷和小熊之间那份甜蜜的爱。

（2）从画面中寻找小熊和爷爷之间爱的细节，并能较完整地表述出来。

（3）感受死亡并不是可怕的事。

重点：指导孩子认真观察画面的细节，体会小熊与爷爷之间的爱。

难点：难点就是引导孩子正确理解死亡的意义。

活动准备：

（1）现状分析：大班孩子的词汇量进一步丰富，语法结构已形成，口语表达增强，内部语言产生，情绪情感的调节能力逐步加强。有较细致的观察力，能客观地认识自我，有正确的是非观念，但是情绪上还是容易受各种因素的影响而产生变化，表现出不稳定性和易冲动性，对黑暗表现恐惧，对斥责表现愤怒，对亲人分离表现焦虑不安等。

（2）材料准备：全家福照片、背景音乐，课件。

活动过程：

（1）引入：教师出示一张自己家的全家福。

师：小朋友们，这是老师的一张全家福，你看，我家有三口人，我的爸爸是个老师，妈妈是个医生，他们都很爱我。小时候呢，爸爸每次下班都会给我买很多礼物，妈妈每天晚上都会给我讲好听的故事。所以我觉得自己很幸福。孩子们，谁想说说自己和家人的故事呢？

幼儿讲述自己和家人的故事，教师给予简短的评价。

（2）师：刚才小朋友们说了那么多关于自己和家人的故事，真是很感人，但是老师今天还带来了小熊和家人的故事，我们一起来看一看。

打开课件，快速浏览讲述一遍故事。提问：

①这个故事叫什么名字？

②讲了一个什么样的故事？

③你有什么感受和想法？

（3）打开课件，一页一页地引导幼儿观察，请幼儿说说图画中喜爱的细节。提问：

①爷爷家里为什么挂着小熊的照片？

②爷爷为什么桌子上摆着蜂蜜？

③爷爷为什么总是弯着腰、俯着身？

④爷爷和小熊在一起，画面都是什么颜色？为什么？

⑤小熊最快乐的是什么时候？为什么？你从哪里看出来的？

（4）进一步理解故事，表达感受。

（5）最后放一遍背景音乐，重点观察几幅画面，帮助幼儿理解死亡的意义。提问：

①花瓶里的花为什么耷拉了脑袋？

②病房里，小熊爬到爷爷沙发上，后面的背景是什么颜色？为什么？

③小熊和妈妈抱在一起，后面的阴影是什么意思？

④最后小熊和妈妈爬上树屋静静哭泣时，前面是一片迷人又壮观的景色，这是为什么？

⑤在这个故事里，你看到的颜色都是什么？为什么？

⑥你对死亡是什么样的感受？

小结：爷爷非常爱小熊，小熊也非常爱爷爷，他们一起度过了很多幸福的日子。可是生命总要逝去，爷爷虽然离开了小熊，但他们在一起生活的快乐日子却会深深地留在小熊心中。死亡并不可怕，记住并珍惜爱才是最重要的。

活动延伸：

通过这个温暖的故事，帮助幼儿了解了生死关系，能正确地面对生命历程中不可抗拒的自然规律，从而能激发幼儿更快乐、更充实的生活。提醒幼儿从今天起，关心身边的亲人，做一个能干的体贴的小助手，每天和大家分享"我的快乐生活"。主题交流分享活动放在主题墙上。

小雪花教学设计

单元五　与家长的语言沟通

苏联教育家苏霍姆林斯基认为："没有家庭教育的学校和没有学校教育的家庭都不可能完成培养人这一极其细微而复杂的任务。"对幼儿的教育来说，要完成这个任务，家庭和幼儿园必须采取协调一致的行动，因为这是幼儿的两个主要活动场所。

如何使家庭和幼儿园的教育行动一致呢？这就需要教师与家长的沟通与理解。作为幼儿教师，应该主动与家长进行沟通，协调各自在教育观念上的差异，取得教育目标的一致。但是，教师只有与家长沟通的意识是不够的，更重要的是要具备与家长沟通的谈话艺术及谈话策略。

第一节　怎样与幼儿家长日常沟通

幼儿园教育与家庭教育是密不可分的，这必然会涉及幼儿教师与家长的沟通与合作。幼儿每天需要家长接送，教师可以利用孩子入园、离园的时间和家长进行日常交流。另外，在街头、公园等一些公共场所，教师都有可能和家长不期而遇，可以说随时家长都有可能向我们咨询或反映问题。因此，对教师来说，必须具备与幼儿家长沟通的语言技能，平时要养成好的习惯即要对幼儿家长情况做好了解，谨记于心，在此基础上运用教师语言交际技巧。

体验分享

（1）你的家长说话有什么特点？你怎样评价他们？

（2）你曾经接触过幼儿家长吗？他们是怎样谈论自己的孩子的？

案例导入

某幼儿园小朋友玲玲的妈妈是一位小学语文教师，她经常在接玲玲回家的时候主动与教师交流孩子在家中的各种表现，探讨各种教育策略。最近，玲玲总是在和小朋友玩游戏时骂人，于是教师和家长约谈共商对策。请试着模拟这个约谈的全过程。

温馨提示：

约谈的时间、地点选好了吗？关于玲玲各方面发展情况你了解吗？怎样使气氛和谐？教师是否说了带命令语气的话？批评孩子时的用词是否恰当？

分析与提示：

在约谈过程中，教师要有策略地向家长描述孩子的错误行为。第一步要充分肯定孩子身上的闪光点，使家长感到教师对孩子是充满信心和关爱的，从而愿意接受教师提出的意见或建议。玲玲的优点可以是待人热情、爱劳动、爱动脑等。在得到家长的认同后，再告诉家长他的孩子和同伴交往时偶尔会有一些小矛盾，从而把家长的注意力集中到如何帮助玲玲处理与同伴的矛盾上来，并巧妙地提出教育建议，使家长坚定教育好孩子的信心。教师向家长反映情况要客观，不能掺杂主观色彩，注意态度要平和，语气要委婉，这样便于家长接受教师的意见和建议。

教育策略

与家长沟通要取得良好的效果，需要注意很多细节问题，把握了这些细节，就能够取得事半功倍的效果。有哪些细节需要注意呢？

一、做好准备工作

要及时告知家长约谈的时间、地点与内容，征得家长的同意。对孩子各方面发展情况的材料进行分析，提取有用的事例，这样在交谈时就会做到实事求是、有理有据。

与家长的沟通策略

二、注意与家长沟通的整体环节

与家长沟通要注意首先交流孩子的情况，然后倾听家长的观点和看法，阐述自己的意见，最后与家长交流，达成共识。

三、以平等的身份与家长交谈

尊重家长，平等地与家长交流，称呼用"您"，交谈时用商量和商讨的口气。在介绍孩子发展情况时，勿以专家自居，采取居高临下的态度教训家长，不要发号施令似的说"必须""应该"怎样做；更不能责怪家长，要尊重家长，多倾听家长的话。教师提出共同促进孩子发展的措施时，宜采用商量的口吻，征求家长的意见。

四、避免使用专用术语

采用日常使用的语言与家长交谈，教师要注意自己的谈话对象是家长，摆正自己的角色，如必须使用专用术语，要进行解释。

五、谈孩子缺点时要注意方式

对孩子的评价一定要客观、全面，既要肯定优点和进步，也要真诚地提出不足之处。在谈孩子的缺点时，要根据情况，区别对待。如果与家长很熟悉，可以说得直率一些。有些家长自尊心强，把谈孩子的缺点视为对自己的批评，感到有压力。

六、与家长沟通注意因人而异

极端型的家长对孩子时而过分迁就，甚至放任自流；时而要求孩子对自己要无条件服从，不考虑孩子的感受，常常依自己的心情好坏来奖励处罚孩子。严厉型的家长对孩子绝不迁就，常常指责、处罚孩子，很少跟孩子讲道理。溺爱型的家长过分保护孩子，很少对孩子表现出不满。压力型的家长注重对孩子的教育，对孩子期望较高，当期望没有实现时会指责孩子。尊重型的家长教育方法科学合理，尊重孩子的个性。对不同类型的家长，教师一定要了解其教育方式，设计恰当、合理的沟通策略。

七、交谈结束要肯定约谈收获

教师要指出谈话对家庭和幼儿园双方都有益处，强调对自己的工作有帮助，如进一步了解孩子，有利于今后的教育工作。同时，对家长来参加约谈表示谢意，欢迎家长以后继续支持园里的工作，自己愿意竭诚与家长密切合作，共同促进孩子的发展。

八、约谈完毕后，教师要做小结

小结的内容包括：谁提出约谈；谁参加了约谈；提出了哪些问题及解决的方案和措施；约定了什么时间继续沟通；有关措施实施情况。

强化训练

（1）去附近幼儿园观察接送孩子的家长，认真倾听，分析他们的语言特点。

（2）案例分析。

淘淘个性较强，与同伴交往不满意时，就要用手抓别人，今天淘淘又抓了小朋友的脸。

模拟情景一：教师一见到其家长就面无表情地说："今天淘淘又抓人了，你们家长也要好好教育一下了。"

模拟情景二：教师面带笑容地说："这段时间淘淘的各方面进步比较明显，特别是能独立吃完自己的一份饭菜。今天画画还很认真。但有时还是控制不了自己的行动，今天他又抓人了。"然后教师趁机提出："我们希望与家长能互相配合，共同教育孩子，来帮助孩子改掉这个不良习惯，使孩子能够做得更好。"

假如你是家长，说一说你有什么不同的感受吗？

（3）小明口吃越来越厉害，教师与家长约谈，希望双方共同努力，使孩子表现得更好。这样使家长解除顾虑，并增长矫正口吃方面的知识，请模拟约谈的全过程。

（4）2021年10月，为了更好地了解民族地区幼儿教师与幼儿沟通过程中关于民族语言的使用情况，我们对贵州某县的幼儿教师做了调研。该地区幼儿园幼儿有65%以上为少数民族，66%的幼儿会用少数民族语言跟老师进行沟通，29%的教师认为跟少数民族幼儿沟通会有一些困难，50%以上的教师认为在幼儿刚入园和单独谈话的时候，需要用民族语言，跟家长沟通也需要用一些民族语言。对此，你有什么感想？

拓展延伸

一、掌握非言语技巧

研究表明，交往信息中面部表情占55%，声调占38%，语言占7%，因而与言语交流相配合的非言语交流特别重要。教师在与家长沟通的过程中，如果能使用以下非言语技巧，效果会更好。

（1）与家长保持平行的目光交流，避免仰视、俯视的眼光或游离的眼神。

（2）用微笑、点头等表示对家长的尊重，用身体前倾或以"对"或"是"等短语回应来表示对话题饶有兴趣，最好能动笔记录家长谈话的要点。

（3）注意力集中，不要边约谈边做其他事情，心不在焉。

（4）在和家长沟通前、沟通中，要注意观察家长的情绪。当家长情绪不好时，最好不要"追"着家长谈话，可等家长情绪好转时再沟通。

二、推荐教师用语

（1）请家长不要着急，孩子偶尔犯错是难免的，我们一起来慢慢引导他。

（2）谢谢您的提醒！我查查看，了解清楚了再给您答复好吧。

（3）您有什么想法，我们可以坐下来谈谈，都是为了孩子好。

（4）请相信孩子的能力，他会做好的。

（5）很抱歉，孩子受伤了，老师也很心疼，以后我会更关注他。

（6）这件事是 ×× 负责，我可以帮您联系一下。

（7）我们非常欣赏您这样直言不讳的家长，您的建议我们会考虑的。

（8）您有这样的心情我很理解，等我们冷静下来再谈好吗？

（9）您的孩子最近表现很好，如果在以下几个方面改进一下，孩子的进步会更大。

（10）我们向您推荐好的育儿知识读物，您一定会有收获的，孩子也将会从中受益。

（11）幼儿园网站内容丰富多彩，欢迎您经常浏览，及时沟通。

（12）您有什么事情需要老师做吗？

（13）您有特别需要我们帮助的事情吗？

（14）这孩子特别有礼貌，老师和小朋友都很喜欢他，继续加油。

（15）谢谢您的理解，这是我们应该做的。

（16）您的孩子最近经常迟到，我担心他会错过许多好的活动，我们一起来帮他好吗？

（17）您的孩子最近没有来园，老师和小朋友都很想他，真希望早点见到他。

（18）幼儿园的食谱是营养配餐，为了孩子营养均衡，我们一起来帮他改掉挑食的习惯，让他更加健康。

（19）近期，我们要举行 ×× 活动，相信有您的参与和支持，我们的孩子会更加快乐。

第二节　怎样在家长会上交流

　　家长会可以让家长进一步了解幼儿园的工作，增强家长与幼儿园的沟通，交流家园双方的教育经验、方法。开好家长会，与选择恰当主题，作好准备等有密切的关系。家长会上，教师语言技巧的运用，对开好家长会也有不容忽视的作用。

体验分享

　　（1）你喜欢家长参加学校的家长座谈会吗？为什么？

　　（2）回忆你的学生时代经历的家长会上，老师的哪些话让你记忆犹新。

案例导入

　　案例一：家长会上，陈辰的爸爸一直默默无语，因为他知道自己的孩子很调皮。老师说："在我们班上有一个特殊的孩子，他是个'汽车大王'，能一口气说出 20 多种汽车的名称，且对汽车上的各部件的作用了如指掌……我想请他爸爸谈谈，在家是如何引导孩子探索汽车世界的。"陈辰的爸爸顿时露出了微笑……

　　案例二：在家长会上，南南的爸爸说："幼儿园的数学太简单了，我的孩子都已经会一年级的数学题了！"教师首先肯定南南在数学方面表现出来的兴趣、能力，接着说："大班的孩子要求掌握 10 以内的加减。而孩子存在着个体差异，就南南而言，她思维敏捷且对数字敏感，家长可以适当让她向更高的目标迈进。而有些数概念差一些的孩子，对 10 以内的加减还不能很好掌握，那么家长朋友们不要急于求成。"

分析与提示：

在案例一中，一些家长对自己孩子在幼儿园的表现比较敏感，导致其参与家长会的心态有主动、被动之分。陈辰的家长就是如此，但教师能细致地观察到家长的表现，针对家长心态说话，容易使家长理解。

在案例二中，有时，家长会上讨论的问题是多方面的，家长的观点也不是没有道理，教师持某种观点有理有据，家长持另一种观点也自有道理，不必把家长的观点和我们的观点对立起来，应求同存异。

教育策略

家长会上的人比较多，常常是一位教师要面对好几位家长，所以在交流时要注意以下几点：

一、笑迎家长目光说话

如果家长感到我们的目光正注视着他们，他们就会更加注意我们的发言，心里拉近彼此的距离。如在会上介绍孩子的近况时，谈到通过和孩子一起生活的一段时间我发现，每个孩子在不同方面都有了进步，"比如妞妞小朋友，原来内向、害羞，升入大班后却判若两人……不过午睡方面还需家长配合，让她尽快适应幼儿园的作息制度。"同时，教师的目光应与妞妞妈妈的目光接触，有了目光的交流，家长容易与教师产生共鸣。

二、根据孩子特点说话

交流中，若对幼儿的情况缺乏了解，说话就说不到点子上，有时甚至可能会闹出笑话。从小班到大班，教师与孩子们朝夕相处，对他们的个性特点了如指掌。如哪些孩子喜欢音乐、绘画、舞蹈，哪些孩子上课专心听讲，哪些孩子自理能力强，哪些孩子在某些方面还有待提高……因此，在与家长交流时，便能有的放矢，令家长心悦诚服。

三、用商量的口吻说话

商量是一种相互探讨、力求达到一致的说话方式。商量会使家长产生相容、悦纳心理，激发家长参与意识和相亲情绪。如我们可以这样说："我们一起尝试用这种方法来让王梦小朋友多吃饭，您看行吗？"况且，家长会上应鼓励家长之间深入交流，大家一起商量有利于教育的方式方法，何乐而不为？

四、用平等的关系说话

　　家长出于对幼儿园和教师的信任，将孩子托付给教师，双方的教育目标是一致的，都是为了让孩子健康成长。教师应以一种平等友好的态度来对待家长，将家长视为朋友，不仅可以相互交流教育的见解和心得，还可以和家长拉拉家常，打消家长的顾虑心理；同时，要尊重家长的意见，虚心听取家长的建议。这样家长乐意与老师交谈，那么教师与家长的关系就会比较融洽。例如对爱挑剔的家长，教师要以平等而细致的耐心来对待家长的挑剔，多主动向家长介绍孩子在园的表现，特别是一些细小的事情，让家长知道老师是多么地关注孩子。教师既不能一味地迁就家长，也不能简单地敷衍了事，更不能置之不理，以消极的态度对待之，教师应有尺度地解决家长的要求。

强化训练

　　（1）家长会上，乐乐的妈妈说："我的女儿越长越胖了，我都不知道该怎么办了？"谈谈作为教师如何应对。

　　（2）在开家长会时，小明的家长听得特别认真，她对老师说："孩子不听我的话，只听老师的，我到底该怎么教育呢？"

拓展延伸

一、家长会内容及程序

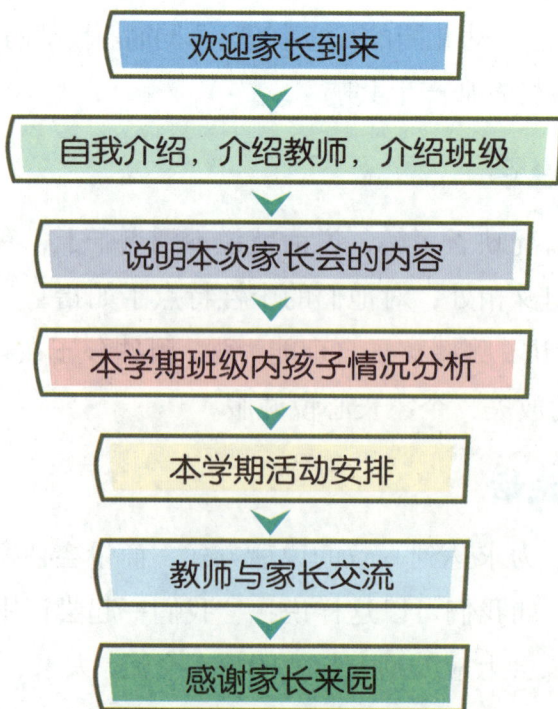

```
欢迎家长到来
    ↓
自我介绍，介绍教师，介绍班级
    ↓
说明本次家长会的内容
    ↓
本学期班级内孩子情况分析
    ↓
本学期活动安排
    ↓
教师与家长交流
    ↓
感谢家长来园
```

二、教师发言稿范文

（1）致欢迎辞。

各位家长，大家好！欢迎大家在百忙中抽出时间来参加会议。今天，我们为了一个共同的目标——教育好孩子来到一起，让我们就此机会讨论教育孩子的策略，交流教育孩子的感想，及需要解决的问题。会议分这几部分：①向您介绍本班教师的任课及基本情况，及当今幼教的趋向。②介绍幼儿一日生活情况及家长关心的问题。③家长协助幼儿园做哪些工作。④交流教育经验。⑤意见和建议。

（2）先介绍我班的教师……虽然我们有分工，但在教学过程中，又是一个整体，也就是保教结合密切协作。我园的教育教学情况：我园是一所有科学化管理的幼儿园，具有雄厚的师资力量。同时，我园的硬件建设是一流的，近年来我园承担了地级和省级的科研课题。我们的目标是为孩子一生的发展打基础，使孩子在原有水平的基础上得到更好的发展。我们的每一个孩子都是独一无二的，就看我们如何引导，提供怎样的支持，给孩子怎样的发展空间，如果得当，孩子们都能以其独特的方式对社会做出贡献。当今幼教提倡：①教会孩子做人。②教会孩子生活。③教会孩子学习。大家可以思考一下这三个问题是否是孩子一生的需要。

（3）下面介绍孩子在园的时间安排……

（4）家长协助幼儿园做的工作。教育孩子是家庭、幼儿园、社会共同教育才有成效，家长应做哪些事情呢？①及时与老师交流，把孩子当天的情况告诉老师，如孩子有药在园服用，要写清服药时间、剂量、姓名。②及时看家园园地，那里有对孩子近段进步的表扬。有对您教育孩子提出的建议，有国内外教育的动向，更有您和孩子共同做的事情。也欢迎您把教子良方写下来，贴在园地里，与大家共享。我这里有以前家长做的玩具，也希望各位能动手和孩子一起做一做。(沙包、拖拉玩具、毽子、飞盘等)

（5）大家有问题及经验我们现在进行讨论。（开始讨论）大家有什么意见和建议写下来以便我们更好地开展工作。

第三节　怎样应对家长不满

　　现代家庭中，孩子备受几代人的关注，那么在对幼儿园工作不满时，越来越多的家长会提出意见甚至投诉，对教师来说必须高度重视家长的意见，对家长的投诉和批评应冷静倾听、耐心解释，言行谨慎，任何情况下都不得与家长及幼儿直接发生争执。

体验分享

　　（1）你对自己的学校有不满意的地方吗？你会选择什么方式解决？

　　（2）你投诉过什么单位或个人吗？接待你的人员态度如何？

案例导入

　　情景一：扬扬小朋友，在做早操活动中，不幸摔倒，受了伤（伤势较轻）。老师也及时地处理了伤口。可是，最后家长还是不理解，并表示出要向教育部门投诉。如果你是相关教师，怎样和这位家长交谈处理。请试着模拟交谈内容。

　　情景二：可可小朋友家长向幼儿园教师反映，孩子回家说老师只关心那些小年龄的孩子或者是哭闹的孩子，希望老师能多关心那些不引人注目的孩子。请试着将你的看法告诉家长。

　　分析与提示：

　　在模拟的过程中"情景一"要注意首先认真地听取家长的意思和想法，不要和家长形成对立面，也就是不随便强调理由，要理解家长的想法，等家长心情平静以后再做解释工作。这样可以避免和家长冲突，取得家长的谅解。"情景二"首先教师要心平气和地告诉家长：老师对每一个孩子都很关注，然后仔细和耐心地分析他的孩子在幼儿园里的情况。同时，也要更加肯定地告诉他：您的孩子已经长大了，能够自己独立在幼儿园生活了。如果教师说了这番话语，相信家长会理解的。切记，每次家长指责老师，不要马上去做解释工作，而是巧妙地反问家长一些问题。不过，这一切确实要在老师平时的工作都已做到位的情况下，才可以反问家长。

要把每个孩子的情况随时讲给家长听，说明每个孩子的档案都在老师的心中。

教育策略

一、对家长的不满要分类对待

（1）有道理的不满：应该尽快了解情况后，予以妥善解决。

（2）因误解而不满：应该尽快解释，消除误解。

（3）没有道理的不满：及时与家长沟通，讲明道理得到家长理解。

二、要有良好心态

幼儿园作为一个面向大众的服务机构，会遇到形形色色的家长，就会有各种各样的需求。无论家长是出于一种什么样的原因，来幼儿园反映问题，都是很正常的一件事。作为管理者或当事人，既不要为此过分忧虑，也不要想方设法回避。把家长的不满和投诉，看成是幼儿园工作中一项基本的工作。无论家长是什么原因，不满的是什么问题，幼儿园都要认真对待，给予高度重视。这表明幼儿园对工作和家长的负责任态度。同时，要有紧迫心态，问题拖得时间越长，家长的不满意度就会越高。要在最短的时间，拿出解决问题的办法，并取得家长的认可。问题解决得越快，家长的满意度越高，这种高满意度，经常会让投诉家长转变为幼儿园的积极拥护者和支持者。

三、站在家长的立场看问题

首先要多站在家长的立场去观察、分析问题，如果立场不对，通过表情和言语自然就表现了出来。当然，谁都理解幼儿园工作特别琐碎，孩子们免不了磕磕碰碰，当有不安全事故发生的时候，作为孩子的老师应该首先深感自责，多站在家长的角度去观察分析问题。比如：××小朋友的脸上被抓破了一点皮，如果站在家长的角度看这个问题，孩子的脸是一辈子的事情，那这就是大事啊，不可轻易忽视。这时如果老师的言词不当或表情不对，就会招来家长的不满。

强化训练

（1）樱桃班的王丽丽总是感冒，家长很不满，来到幼儿园反映园内孩子的卫生问题。请以教师身份演示对话过程，让家长对幼儿园满意。

提示：

幼儿生病的原因很多，有天气、免疫力等。幼儿园可从洗脸、洗手、午睡和消毒等方面说明。

（2）某幼儿园小朋友早上来园时，因没有和父母讲好条件，被送到班上后趁老师不注意，悄悄溜出教室，想返回去找爸爸妈妈，幸好被门口的保卫人员及时发现。家长得知后，认为教师不负责任。请设计一段对话，请家长对幼儿园放心。

提示：

教师要保证孩子无论在教室，还是在院中游戏，应该始终在老师的视线之中。出去散步回教室，老师都应该及时清点人数，以便能及时发现问题。

拓展延伸

一、应对家长不满的语言策略

（1）对待家长的不满、抱怨，甚至是愤怒，应真诚地与家长沟通，以得到家长的信任和理解。

（2）想一想自己是否真的错了，如果确实是自己不对，要诚恳地向家长道歉。

（3）要始终尊重家长。家长的嗓门越大，自己讲话的声调就要越轻，速度要越慢。

（4）向家长询问一些可以自由回答的问题，如："这是如何发生的？""如果您是我，应该怎样做才好呢？"尽量不要反问，否则会让家长反感。如："为什么别的家长没意见？""为什么你要我这样做？"

（5）让家长将不满、抱怨甚至愤怒发泄出来，如果家长的言辞带有侮辱性，则暂时找个借口回避，以后再谈。

（6）一些教师听到家长的指责和抱怨，往往会本能地为自己辩护，这样只会激化矛盾。所以，教师应把"不可能""我绝对没有说过那种话"等辩解词换成"别着急，我查查看""让我们看看这件事该怎么解决""您放心，我一定给您满意的答复"等。

（7）不能因为家长的过激情绪而影响对他孩子的看法，应更加关爱他的孩子，这样做的效果远远胜于表白。

二、处理幼儿伤害事故的途径及策略

事实上，当幼儿园的幼儿意外伤害发生时，无论幼儿园有无过错，幼儿园都要从人道的角度出发，对幼儿进行及时的救助和医疗，同时赠送营养品促进孩子痊愈并抚慰家长。然而，现实中

受伤害幼儿家长大多会提出高额索赔，如幼儿脸部被抓伤，以医生不能断定今后是否会留下疤痕为由提出高额美容费；幼儿受伤缝针治疗，向幼儿园索赔幼儿的精神损失费、父母的精神损失费、祖父母的精神损失费、营养费、误工费、奖金等；甚至还会提出一些在法律上不具有可补偿性的要求。此类家长中不乏从事法律工作者。幼儿园只有知法懂法才能正确处理好幼儿伤害事故，处理好家庭和幼儿园的关系。

1. 幼儿伤害事故发生，幼儿园应采取的适当措施

幼儿伤害事故发生，教师应第一时间带孩子到保健室进行检查和治疗，通知园领导告知幼儿的监护人。如需缝针治疗，应将幼儿送至具备美容条件的医院，美容针将不会在愈后留下疤痕。如果伤害是另外一名幼儿造成，则应细心抚慰这名幼儿，以免其受到惊吓。不要急于描述事故，要先安抚幼儿和家长。

2. 解决幼儿伤害事故的合理途径

根据教育部颁布的《学生伤害事故处理办法》的规定，当幼儿园发生幼儿伤害事故时，幼儿园与受伤害幼儿家长可以通过以下三种方式解决：双方通过协商方式解决；双方自愿书面请求主管教育行政部门进行解决；幼儿家长也可以依法直接提起诉讼。

3. 直面法庭，据理力争

在集体教育机构中，幼儿发生意外伤害在所难免，无论是幼儿园还是幼儿园的主办单位，都不能向家长承诺和保证幼儿不发生意外伤害。幼儿园首先要本着实事求是的科学态度详细阐述事发经过，用事实证明事故发生是不能避免、不能克服、不能预料的，同时还要阐述幼儿园的工作性质、任务及教师的工作职责，这将有助于办案人员客观分析案情事实。其次，本着"谁主张，谁举证"的原则，在幼儿园已证明自己无过错的情况下，应请原告方用事实证明幼儿园过错何在。

古罗马法典中有句名言："善良与公正是法的艺术。"在处理幼儿伤害事故中，我们应首先从人道的角度出发，努力与幼儿的监护人达成情与法的和谐统一。自觉履行对幼儿的法律义务，努力采取各种措施避免损害结果的发生，用我们强烈的爱心和高度责任感来保护在园幼儿的安全。只有我们问心无愧，才能在解决幼儿意外伤害事故的过程中保持清醒的头脑，以法律为准绳，以事实依据，理智地解决双方分歧，构建和谐友好的家园关系。

单元六　与同事、领导的沟通交流

作为一名幼儿教师，单纯地掌握一些幼教方面的知识和技能还是不够的，要想在激烈的社会竞争中出类拔萃，还必须具备良好的人际交往和沟通能力。从走出校门踏入社会求职，从进入幼儿园的那天起，就面临着与领导、同事和家长等群体沟通的问题。学会与领导和同事适时、恰当的沟通，不仅有利于自己的生存和发展，而且能培养自己积极进取、豁达乐观的心态。如何与领导、同事进行良好的沟通？如何在沟通中讲究艺术？是本单元所要讲的重点问题。

第一节　怎样与领导沟通

有成功人士说："一个幸运的职业人拥有三个必备条件：一份自己喜爱的工作，一个呵护自己的家庭，还有支持、赏识自己的领导。"在这三个必备条件中，职业与家庭都可按自己的意愿选定，唯有自己的"领导"不由自己决定，那么与这些领导该如何相处呢？

体验分享

（1）想想以往班级里，那些与老师沟通好的同学是怎么做的？她们和那些不会与老师沟通的同学相比，境遇有什么不同？

（2）你在实习过程中，与实习指导老师在沟通方面有什么困难和问题吗？

案例导入

　　嘉华是一个性格内向的女孩子。毕业后进入一家民营幼儿园。她做事从不爱张扬，虽然工作能力极强，却从来没有因此而骄傲过，她总是默默无闻、任劳任怨地工作着。鉴于此，她和同事的关系处得还好。但是，最让她郁闷的是，到幼儿园快两年了，和她一起进幼儿园的两个同事，她们的专业知识和能力都不如她，却都得到了晋升加薪的机会。唯有她，像个老黄牛似的踏实苦干，却没有回报。她觉得凭自己的本事，得不到加薪实在是很冤的。同事们也都劝她毛遂自荐，主动向领导提出加薪。在同事们的支持下，她终于鼓足勇气向领导提出了加薪的想法。

　　当嘉华在某个周末下班时分，看到领导一个人在办公室工作的时候，她敲开了领导办公室的门。当领导紧锁眉头从文件中收回视线，问她有什么问题时，嘉华实话实说要求领导给她加薪。领导静静地一言不发地听完她的陈述，让她先回去，说会考虑一下，再给她答复。嘉华从领导不快的脸色中认为领导是在推诿。本来就对这么长时间以来一直得不到加薪感到愤愤不平的她，终于忍不住，咄咄逼人地质问领导为什么不给她加薪？是不是只重用那些没有能力、在领导面前拍马屁的人？

　　领导强压心头的不快，没有和嘉华争执什么，从座位上站起身来，拍拍她的肩膀，让她先回去好好思考一下，有问题再沟通。嘉华从领导的手势中得到了什么启迪，似乎看到领导亲切的一面。她仍坐在沙发上，希望领导看在她两年来勤勤恳恳工作的份上，给她一个准确的表态。如果薪资不能达到她的期望值，她只有辞职。领导被嘉华紧追不舍、咄咄逼人的态度给激怒了。她没有丝毫犹豫就同意了嘉华的辞职，告诉她周一不用再上班了，到财务室领她这个月的薪水和一个月的工资补偿。

分析与提示：

　　嘉华被炒，很大程度上在于她没能有效地与领导沟通。在与领导沟通的过程中，她不会察言观色，不懂领导的肢体语言，不懂得适时退让。

　　首先，当她进领导办公室的大门时，没有考虑到时机是否合适。领导紧锁眉头，可以观察出领导可能在思考问题或遇到了什么麻烦，而嘉华丝毫没有考虑这些，只是自顾自地说自己的加薪问题。不管在什么单位，加薪都是一个敏感性的问题。当领导让她先回去时，嘉华没有退让，而是进一步采取了攻势。

其次，领导拍她的肩膀让她冷静一下时，她把这个动作当成了领导友好的表现，这是一大误解。的确，有时候在交流的过程中使用肢体语言，给人一种亲和力，但在此时，领导只是为了安抚她激动的心情，希望她快点离开。嘉华没有领会到这些，她把这看成了长辈的爱抚，开始了孩子气般的撒娇、诉委屈和述说自己对公司的奉献等。

最后，嘉华用辞职来威胁领导，这是最不可取的。对领导来讲，宁肯错失一名好员工，也不会忍受这样的威胁。

教育策略

一、与领导有效沟通应把握的原则

嘉华的辞职完全是沟通失败的结果，那么该如何与领导进行有效的沟通呢？这里简单地介绍一些和领导沟通的原则。

1. 尊重理解

尊重是人与人交往最基本的原则，在与领导的交往中，更要以尊重为首要准则，如何做到尊重呢？

（1）**注意礼貌、礼节**。在工作场合遇到领导，要注意休整自己的仪表，如别好工作证，并礼貌地打招呼；在公众场合遇见领导，不要表现得过于热情，礼貌地道声"您好"即可，不要嘘寒问暖没完没了，更不要佯装看不见避开，显得鬼鬼祟祟、有欠大方。在日常工作中，当上级安排和布置任务时，要停止手头工作，安静、平和地看着领导或记录要点，显示对工作的重视和对领导的尊重。无论在幼儿园内外，只要领导在场，离开的时候一定要跟领导招呼一下"对不起，我先走一步""再见"等。

（2）**理解领导的难处**。作为下属，要摆正自己的位置，做事和思考问题要有团队精神，要从大局考虑，懂得理解领导的难处，配合领导工作，不能时时处处为自己着想。在领导处于尴尬和危机时，要善于解围、圆场，主动出面承担责任；当有成绩时，要学会归功于领导，毕竟自己的工作离不开领导的支持，切忌抢镜越权。在生活上，适当地关心、问候领导，当自己有事情需要早退和请假时，都应该自己写假条或打电话向领导报告，不要请家人或同事传话。

（3）**回避隐私**。不要在单位、走廊或办公室有第三者在场的情况下，与领导谈家常，情况不明之前，不要随意问候他的家人；偶尔碰上领导的隐私时，应装作没看见，更不要传播；不要盯着女性领导偶尔没化妆的脸。

保护好！

2. 诚恳赞赏

赞赏是人与人交流的润滑剂，对领导的赞赏不要理解为拍马屁，而是真心实意、发自内心地赞赏。任何人都有长处，能做到管理者的位置，一定有他的长处和能力。不要指责领导素质低、不懂技术、不是内行人，因为作为管理者，其管理能力比技术水平要重要得多。所以，想赢取领导的信任与重任，一定要学会欣赏和学习领导的优点。

3. 谦虚上进

作为一个初入职场的年轻人，一定要在新的工作环境中树立"谦虚低调，好学上进"的形象，"多干活少说话"，切忌自作主张。

"初生牛犊不怕虎"，刚刚参加工作的新人总是迫不及待地把自己的创新想法说出来，希望得到大家的认可，这往往能够给组织或团队带来新鲜的活力。但过于看重自己的能力而忽略周围同事的感受，容易造成狂妄自大的形象，传达给周围同事一种"你不如我"的信息，长此以往，很难得到别人的认同和理解。但是，谦虚谨慎不代表工作拖沓，相反，在工作中更要表现得好学上进，面对急、难、险、重的工作，主动请缨，敢挑重担，实实在在的工作能力更让人信服。而实际上，"能"人"能"在做大事上，而不在说大话上，工作业绩才是最好的竞争武器。

很多人具有很高的理论水平和操作技能，但限于个性内向等原因不善于表达，因而默默无闻。因此，作为一个聪明人，还要学会做一个"既会做又会说"的人。"做"就是工作有成绩，有能力；"说"就是会表现，让领导知道你的工作能力和成绩。这样才能引起领导的关注，为今后的发展创造更多的机会。

4. 要拘小节

通过调查，大多数幼儿园对新教师和实习生最不满意的就是：没有"眼力见儿"和不注意个人言行。具体来说，就是在小事上做得不周到，比如打扫卫生，很多新到幼儿园的实习生，怕脏怕累，"一只手"擦地；还有的实习生到了幼儿园，只看不管，甚至指挥带班老师做这做那。

事实上，这些小事恰恰会反映一个人的整体素质，所以，很多单位的领导在对新人的考察中，也总是通过观察这些小事，对这个新人的工作能力和态度做出判断，继而委以重任。如果过不了考验期，经常牢骚满腹，那么工作、升迁、加薪、重用等都将与你无缘。

要想塑造自己的良好形象，就要从小处着手：早晨早到几分钟，下班后晚走几分钟；主动打扫教室或办公室的卫生；主动询问班主任老师一天的工作安排，做好课前的准备工作；热情地给

老教师的杯中加水；不要在开会或上课时接打电话，收发短信；家长接送小孩儿时主动和家长打个招呼。这些不起眼的小事都能给人留下好印象。

5. 亲疏适度

如果你与领导私交甚好，也不要当着众人与他称兄道弟，以显示你们的特殊关系。在公众场合尽量用职位来称呼，如"王园长、王主任"；如果是副职，称呼时，要将"副"省去。要学会做听众，每个单位都免不了说长道短，初入新环境，了解一下也无妨，但切不可自己也掺和其中，妄加评判，以免言多必失。

二、有效沟通应注意的几点要素

从上文的案例嘉华沟通失败、被迫辞职，还可以看出嘉华没有把握好沟通的其他几个要素。例如，她完全可以随机应变，缓和沟通过程中的紧张气氛，如：与领导约一个合适的时间进行充分沟通。

所以与领导能否顺畅沟通，除了了解他的性情、心理之外，还有一些因素不能忽视，比如适当的时机和地点、有力的依据、对于结果的充分预测等，这些都是保证有效沟通的重要因素。

1. 适当的时机

通常早晨刚上班的时间领导最繁忙，而快下班的时候又是领导疲惫心烦的时候，显然都不是最好的沟通时机；建议在上午十点左右找机会与领导谈谈，因为这时领导可能刚刚处理完清晨的业务，有一种如释重负的感觉，这时可以适时地提出问题和建议，比较容易引起他的重视和思考；无论什么时间，如果他心情不太好的话，奉劝你最好不要打扰他。

2. 适当的地点

领导的办公室当然是最好的谈工作的地点。但是如果他突然和你偶然相遇，想就某个问题和你交流，那么任何地点都可能成为沟通的好场所。当然，这要看你的反应和智慧了。

3. 提供极具说服力的事实依据

推广一项新的提案或者提出改进现有工作制度、程序的建议，一定要有足够的说服力，不能给领导留下一个头脑发热、主观臆断的印象，提案中不可或缺的是真实的数据和资讯。事实胜于雄辩，这个道理可以说明一切。

4. 预测质疑，准备答案

对于你的建议和设想，领导可能会提出种种质疑，如果这时吞吞吐吐、自相矛盾，成功的概率会大大减少；同时，还会给领导留下逻辑性差、思维不够缜密的印象；最好充分预想领导可能有的疑虑，并一一准备答案，这样就可以胸有成竹地站在他面前了。

5. 突出重点

先弄清楚领导最关心的问题，再想清楚自己最想解决的问题。交谈时一定要先说重点，因为领导的时间是难以把握的，很可能下一分钟就有一个电话进来或者一件重要的事情打断谈话，如

170

果你还东拉西扯，这可能就成了一次毫无意义的交谈。

6. 切勿伤及他的自尊

领导毕竟是领导，无论你的建议多么完美，你也只是站在自己的角度考虑，而领导要统筹全局，他要协调和考虑的角度是你不曾涉及的。因此，阐述完你的建议后应该给他留一段思考的时间，即使他犹疑或否定了你的建议，也不要出现伤及领导自尊的言行，这不单是对领导的尊重，也是自己涵养和素质的体现。

三、正确化解冲突

与领导发生冲突，不管谁是谁非，都不是一件好事，只要没想调离单位或递交辞呈，就不可以让彼此的关系陷入僵局。如何化解与领导的冲突呢？

首先，要找好倾诉对象。向同事诉苦是最不明智的举动，家人也不是很好的倾诉对象，因为父母在感情上会不自然的站在儿女的角度考虑问题，容易做出错误的判断。最好的方法是和自己的老师或者不在同一个单位的亲密朋友诉说。他们可以站在理性的角度，帮助你厘清问题的症结，找出合适的解决方法。

其次，要学会换位思考，理解领导的难处。有些问题，很难说清孰是孰非，但是，如果换个位置考虑，就可能从感情上疏通自己的症结。

再次，要主动化解矛盾。有些时候，如果是自己不经意的举动让领导觉得不受尊重时，要主动伸"橄榄枝"，找一个与领导单独相处的机会，婉转诚恳地道歉。或利用一些轻松的场合，向领导问个好、敬杯酒，既表示了对他的尊重，也展示了自己的修养与风度。事无巨细，只要做了，领导自会记在心里，消除或淡化对你的敌意。

最后，不要把情绪带到工作中。对领导的怨气和怒气，不要发泄到工作中，这样不但工作做不好，而且还会在不经意间制造领导惩戒自己的把柄和机会。所以，不管是于公于私，首先，要端正态度，做好自己的本职工作，做得越优秀越好。

强化训练

（1）假设你需要向领导汇报工作，怎样才能做个"有声音的人"，以引起他对你的重视。

提示：

向领导汇报，可先说结论，如时间允许，再作细谈；若是书面报告，一定要记住签上自己的名字。除领导外，还要将你的成绩设法告诉你的同事，他们的宣传比你自己说的效果更佳。会议是同事、主管、领导及顾客之间不可多得的沟通渠道，会议发言是展现能力和才华的大好时机。

（2）在"畅想论坛"里，有人发了这样一个求助的帖子：

我不喜欢在领导面前点头哈腰，但事实上和领导沟通关系到个人成长。我很有才华，也有点个性。老实说我痛恨无能而且自以为是的领导。但却又不得不接受这种现实。领导也许更需要你的忠心耿耿，而能力和水平相对次要。我相信你也有过同感。我需要帮助解决这个问题，谢谢。

讨论： 你是否可以给她一些建议和忠告？

提示：

如果大的制度合理，就不要轻言领导水平太差。对于领导者，素质要求是多方面的，有时候业务能力反而不是最重要的。应该尽量多几个角度看问题，来一些换位思考，最后再下结论不迟。另外，很多员工总觉得经常向领导汇报不好，如果抛开这里面的个人动机以及方式、方法，对工作来说，让领导能够随时了解工作情况本身就是员工的责任。

（3）分析案例，回答问题。杨园长和刘园长由于薪资改革闹了矛盾，在员工中由于张丽和刘园长关系较好，人也很直率，带头跟杨园长对着干，因此给人留下了"不好管"的形象。刘园长用撤换张丽的办法给杨园长送了一个人情，这使张丽成为"两虎相争"的牺牲品。另一位员工薛红能够理解园长们的改革思路，她以一种旁观者的清醒，预见到卷进"权争"的后果，劝告同事不要一时糊涂。新来的小王则显得有些不成熟，在权争面前显得有些胆怯，不敢发表自己的意见，一味退缩，甚至不愿去上班。

你如果是这家幼儿园的一名员工，应该怎样做才比较妥当？

提示：

在"两虎相争"时，作为员工，首先要做到"不卷入"，因为领导会从更加宏观和战略的高度去看问题，你一旦卷入，难免要成为替罪羊或牺牲品。能够"想幼儿园之所想，急幼儿园之所急"的员工，才能从根本上对企业有利。有头脑、有眼光、有思想的员工，是会受到领导器重的。

（4）幼儿园的实习活动很快结束了，实习生高超和王乐在讨论该不该给自己实习幼儿园的指导老师买个礼物：高超想买，但是王乐说这是社会上的送礼，不好，高超也犹豫了。请你说一说，这个礼物该不该买，为什么？假如你是高超的实习指导教师，你收到了礼物，你会怎么想呢？

拓展延伸

一、和领导沟通必备8条黄金句

和领导沟通必备的8条黄金句，有以下几句：

（1）我立即处理。 在领导传唤时，冷静、迅速地做出这样的回答，会使领导直觉地认为你是名有效率的好下属；相反，犹豫不决的态度只会惹得任务本就繁重的领导不快。

（2）我们似乎碰到一些状况。 这是在以最婉约的方式传递坏消息。如果一有坏消息，立刻冲到领导的办公室里报告这个坏消息，就算不关你的事，也会让领导质疑你处理危机的能力。此时，你应该用不带情绪起伏的声调，从容不迫地说出这句话，要让领导觉得这件事情并非无法解决，而听起来像是你将与他站在同一阵线，并肩作战。

（3）**安琪的主意真不错**。这句话表现出团队精神。安琪想出了一条让领导赞赏的绝妙好计，你恨不得自己脑筋动得比人家快；与其拉长脸孔，暗自不爽，不如偷沾她的光，会让领导觉得你富有团队精神，因而另眼看待。

（4）**这个报告没有你不行啦**！这句话能说服你的同事和你一起处理问题。有件棘手的工作，你无法独立完成，怎么开口才能让那位在这方面最拿手的同事心甘情愿地助你一臂之力呢？一般人为了不负自己在这方面的名声，通常会答应你的请求。

（5）**让我再认真地想一想，3点以前给你答复好吗**？这句话巧妙闪避你不知道的事。领导问了你某个与业务有关的问题，而你不知该如何作答，千万不可以说不知道。而这句话不仅可以暂时为你解困，同时也让领导认为你在这件事情上很用心。不过，事后必须做足功课，按时交出你的答案。

（6）**我很想知道您对某件事情的看法**。这句话的巧妙之处在于在征求意见中表现自己，当你与领导共处一室时，这是一个让你能够赢得青睐的绝佳时机。但说些什么好呢？此时，最恰当的做法莫过于聊一个跟公司前景有关，而又发人深省的话题。在他滔滔不绝地诉说心得的时候，你不仅获益良多，也会让他对你的求知上进之心刮目相看。

（7）**是我一时疏忽，不过幸好……**这句话承认疏忽但不引起领导不满，犯错在所难免，勇于承认自己的过失非常重要，不过这不表示你就得因此对每个人道歉。诀窍在于别让所有的矛头都指到自己身上，坦诚却淡化你的过失，转移众人的焦点。

（8）**谢谢您告诉我，我会认真考虑您的建议**。这句话在面对批评时表现出冷静客观。自己的工作成果遭人修正或批评，的确是一件令人苦恼的事。不需要将不满的情绪写在脸上，不卑不亢的表现令你看起来更有自信，更值得人敬重。

二、如何接受领导的批评

在追求晋升的过程中，有人充满信心，有人谨小慎微。但不管怎样，突然受到来自上级的批评或训斥，当然是一个重要的问题，处理不好就会造成很大的影响。

想要处理好上级的批评，首先要搞清楚上级批评你什么？领导批评或训斥部下，有时是发现了问题，促进纠正；有时是出于一种调整关系的需要，告诉受批评者不要太自以为是，或把事情看得太简单；有时是为了显示自己的威信和尊严，与部下保持或拉开一定的距离；有时是为了"杀一儆百""杀鸡骇猴"，不该受批评的人受到批评，其实还有一层"代人受过"的意思……搞清楚了上级批评你的原因，你就可以把控局面，从容应付。

在受到上级批评时，最重要的是态度问题，一定要表现出诚恳的态度，仔细思考，从批评中发现接受了什么、学到了什么。

1. 应杜绝的态度

当受到批评时，尽量杜绝以下几种态度：

（1）把领导的话当成"耳旁风"。这是最让领导恼火的态度，你对批评置若罔闻，依旧我行我素，这种做法也许比当面顶撞更糟糕，因为，在你的眼里没有领导。

（2）当面顶撞。和领导发生当面争论，要看是什么问题。比如，你对自己的见解确认有把握时，并且问题和你掌握的情况有较大出入，对某人某事看法有较大差异，等等。但是，切记：当领导批评你时，并不是要和你探讨什么，所以此刻决不宜发生争执。

（3）反复纠缠，想弄明白。受到上级批评时，反复纠缠、争辩，希望弄个一清二楚，这是很没有必要的。确有冤情，确有误解怎么办？可找一两次机会表白一下，点到为止。即使领导没有为你"平反昭雪"，也完全用不着纠缠不休。过于追求弄清是非曲直，反而会使人们感到你心胸狭窄，经不起任何误解。

2. 受到委屈时的态度

任何批评都可以给我们以启发，即使那些批评是错误的。通过批评，可以促进上下级的沟通了解，接受批评能体现对上级的尊重。所以，批评的对与错本身又有什么关系呢？比如说错误的批评，处理得好，反而会变成有利因素。可是，如果你不服气、发牢骚，那么，这种做法产生的负效应，足以使你和领导的感情拉大距离，关系恶化。当领导认为你"批评不起""批评不得"时，也就产生了相伴随的印象——认为你"用不起""提拔不得"。

（1）公开场合不公正的指责。当然，公开场合受到不公正的批评、错误的指责，会给自己造成波动。但你可以一方面私下耐心做些解释，另一方面，用行动证明自己。当面顶撞是最不明智的做法。既然是公开场合，你下不了台，反过来也会使领导下不了台。其实，你能坦然大度地接受其批评，他会在潜意识中产生歉疚之情或感激之情。

（2）公开场合耍威风的领导。靠公开场合耍威风来显示自己的权威，换取别人的顺从，这样不聪明的领导是很少的。其实，真遇到这种领导，更需要大度从容，只要有两次以上这种情况发生，丢面子的就不再是你，而是他本人了。

（3）受到正式处分。受到某种正式的处分，与受批评是很不同的。在正式的处分中，你的某种权利在一定程度上受到限制或剥夺。如果你是冤枉的，当然应认真地申辩或申诉，直到搞清楚为止，从而保护自己的正当权益。

第二节　怎样与同事沟通

即使不加班，我们一天也有八小时和同事在一起，不能否认同事之间的关系是如此重要：工作的成功离不开同事的并肩协作；很多难题在与同事的沟通中迎刃而解；与同事的公平竞争能带来动力和学习的机会；融洽的同事关系让我们在工作中一直保持愉快心情。同事不同于亲人或朋友，同事是工作伙伴，是竞争对手，是诉说对象，也是烦恼的出处。如何与同事融洽相处呢？

体验分享

（1）在班级里人缘最好的同学是谁？她是怎么做的？

（2）在今后的工作中，你打算如何与同事们很好地相处呢？

案例导入

　　刚参加工作的我做事非常谨慎，生怕得罪了幼儿园里的前辈们。尽管这样，不知道为了什么，我还是遭到了别人的排挤。有一个大我好几岁的女同事总是看不惯我，她还笼络了一批人，经常冷落我。我被孤立了，每天在单位的时间都成了煎熬。（沙沙）

分析与提示：

　　沙沙的遭遇，到底怪谁呢？同事？自己？肯定都有问题，她目前在单位的这种人际关系，很大一部分在于她没能有效地与同事们沟通。

　　一方面，要摆正自己的位置，要谦虚谨慎。作为一个幼儿园的新人，和一个在单位多年的"老人"闹矛盾，肯定会吃亏，这是当然的。有些单位可能会有"欺生"的现象。对这种现象，作为新人，如果想靠自己的力量反抗，无异于是和整个单位的人作对，自然会陷入孤立无缘的境地。所以，到了一个新的环境，首先要摆正自己的心态，自己到单位就是来工作和学习的，要以谦虚谨慎的态度对待每一个人，不只是领导，还有同事们。

另一方面，要真诚豁达，善于化解矛盾。和同事交往如果真出现了问题，首先应该反思自己，而不能一口咬定是对方看不惯自己。或许是自己不经意的举动让同事觉得不受尊重，或者在某些事情上触犯了同事的利益，要主动、真诚地向对方"示好"，找一个和她单独相处的机会，诚恳地向对方道歉，或利用其他机会、场合，向她问个好，赞扬她的一些服饰、工作、家庭等。这些事情，在潜移默化中，会让她对你逐渐产生好感。

教育策略

反思沙沙与同事沟通失败的案例，可以帮助我们在今后与同事的交往中找到一些经验。和同事的交往如同一把双刃剑，有好处也有风险，两者真实的并存。那么，我们怎样才能和同事好好沟通呢？以下介绍一些与同事交往沟通的技巧。

一、塑造个人形象，提高自身魅力

为什么有些人，不管在任何地方，任何场合都能很快吸引别人的目光，成为众人追捧的对象呢？无疑，这个人身上独具的个人魅力，是吸引众人的前提。那么，如何才能成为一个有魅力的人呢？

1. 衣着打扮

卡耐基指出："良好的第一印象是登堂入室的门票。"第一印象不好的话，如要挽回，就要花很大的努力。因此，在与同事初次接触中必须注意这点。中国有句谚语："人靠衣服马靠鞍。"衣着对一个人的外表影响非常大，大多数人对另一个人的认识，可以说是先从其衣着开始的。衣着打扮往往能反映着人的气质、性格和欣赏水平。作为女性，衣服可以多彩一些，但却不要过于妖艳，更不可"露"得太多，过分性感的打扮不仅成为别人嚼舌的谈资，而且会影响个人形象。

化妆成为增强职业女性魅力的一个重要砝码，但是化妆还要注意场合、身份、年龄，作为一名幼儿教师要根据幼儿园的规定和工作的需要进行穿着和化妆。

2. 笑脸待人

要想尽快地融入新环境，最有效的方法就是主动出击，热情待人。"巴掌不打笑脸人"，如果不苟言笑，会让人觉得你自命清高，不屑于和大家共处。笑脸能赢得友谊、理解，没有人会拒绝好意于千里之外。友善及称赞，更容易改变别人的态度，消除误解和敌意。

3. 礼节周到

文明礼貌是展现个人素质最重要的平台，和同事相处，要不卑不亢，谦恭有礼。遇到同事应主动上前打招呼，如果距离较远，可点头示意。同事家有婚丧嫁娶，要记得送上一份合适的贺礼；同事生病，应及时去探望。礼尚往来乃人之常情，但过重的礼物却不要轻易出手，免得使人心生他想。

4. 作风正派

一个优秀的人，必定在作风上有着良好的口碑，不管是良好的工作作风还是正派的生活作风。良好的工作作风主要表现为工作的踏实、勤奋、廉洁自律、不以权谋私，这些作风能博得同事和他人的敬重。

在生活作风方面，主要是生活朴实，自尊自爱，不放纵自己。尤其是一名幼儿园教师，要时时刻刻牢记"行为世范，德为人师"，如果私生活不检点，不仅容易被别人非议，而且还会影响自己的事业发展。

5. 提高学识

"玉不琢，不成器；人不学，不知道。"一个博学多闻的人，容易和各类人相处沟通。首先，人们往往钦佩知识渊博的人，喜欢和他交往，因为可以从中受益，更感愉悦。同时，个人知识的渊博，思想深邃，语言生动，与人沟通起来容易做到心领神会。

作为一名幼儿教师，不仅要懂得一般的专业知识，更要了解社会、历史、自然、人文等常识，这样，才不至于和人交往沟通时出现冷场和笑话。

二、真诚豁达，融洽合作

1. 宽容处事

同事相处久了，难免会有说错话、办错事的时候，当误解、冲突发生时，保持宽容的心态非常重要。"心底无私天地宽"，遇事不能只考虑自己的利益，而是要顾全大局，不要纠缠于个人恩怨。如果能够胸怀宽广，包容对方的错误，

他们聊的东西我完全没研究，根本加入不了对话……

一如既往地与对方友好相处，那么一切都会相安无事，让对方更加敬重你。在与同事相处时要多反省自己，在某些方面是否说过伤害同事感情的话，是否做过伤害同事感情的事。如果出现失误，应主动向对方道歉，征得对方的谅解，对双方的误会应主动向对方说明，不可心胸狭窄、耿耿于怀。

有些时候，和同事会在工作方面发生分歧，一定要记住"对事不对人"，不要因为工作上的事情影响到个人情感和关系，毕竟，大家都是为单位工作，只不过意见相左而已。更不要事无巨细，敏感多疑，事事都挂在心上，事事都针对别人，这样，很容易被别人看成"危险品"，遭到大家的冷落与疏远。

2. 关爱他人

《圣经》有句话："你希望别人怎样对待你，你就应该怎样对待别人。"这句话被大多数西

方人视作是工作中待人接物的"黄金准则"。每个人都希望得到别人的关爱，首先就要对别人付出爱。同事有病，主动打电话询问或探访；早晨早到，在同事的杯中倒上一杯开水；同事遇到工作问题，主动提供帮助，等等。这些虽然都是一些小事，但是，这些小事都会成为自己和同事进一步交往的温馨记忆。

3. 不谈是非

切忌谈论领导和同事的是非长短，若有同事在你面前谈论，要尽量回避；若有同事将自己的隐私告诉你，自然是将你当成知己，你就一定要为其保守秘密。同事和你议论的是非，更不能转告领导，否则，会让所有同事联合起来反对你。俗话说"害人之心不可有，防人之心不可无"，我们所说的真诚并不意味着要把自己的所有隐私都告诉别人。

4. 财务清楚

同事之间可能有互相借钱、借物等物质上的来往，但一定要一清二楚。向同事借钱、借物，应主动给对方写下借条，即使是小的款项，也应记在备忘录上，及时归还，以免引起误会。出借者也可主动要求借钱者打借条，这并不过分，借钱者应给予理解。如果所借钱物不能及时归还，应每隔一段时间向对方说明一下情况。在物质利益方面，无论是有意还是无意地占对方便宜，都会给对方造成不快，有损自己在对方心目中的形象。

5. 回避帮派

只要有人群的地方，就有一些人喜欢说长道短、评论是非，因为每个人的品行是不一样的。刚到幼儿园的新人，不可能了解事情的来龙去脉，更没有正确分析判断的能力，这个时候最好保持沉默，既不参与议论，更不要散布传言，卷入是非旋涡。同一间办公室有好几个人，对每个人的态度不要相差悬殊，尽量处于不即不离的状态。遇到难题，要真诚地征求不同同事的意见，或对他们的兴趣和观点加以注意，以加强对对方的尊重。平时说话、做事不要不拘小节、过分随意，谨记"慎独"二字。

三、不断充电，公平竞争

在竞争激烈、人才济济的大单位里，所有的好职位都显得僧多粥少，大家都付出同样的劳动，可总有人选中，总有人落选。那么，怎样才能在良性竞争中脱颖而出、一鸣惊人呢？"活到老，学到老"，通过学习充电来提高竞争力几乎是每个职场人士的共识，据不完全统计，甚至八成以上的白领选择自己负担充电费用，以应付日益激烈的职场竞争。

作为一名教师，充电是必要的，可是在充电之前，应该好好做个计划，做到目的明确、学以致用，才不至于花了冤枉钱，又浪费了宝贵的时间。

"最可怕的对手就是你的伙伴，最好的伙伴能使你战胜一切对手。"合作与竞争永远是紧密相连的一对"连体兄弟"。

面对共同的工作，尤其是遇到晋升、加薪等问题时，同事关系就会变得

脆弱起来。其实，在职场中竞争是正常的，因此，我们应该谦让而不退让，以正当的手段和方式积极投入良性竞争，在不断充电提升自我的同时，注重与他人的合作，既要有"敢为天下先"的勇气，又要注意把个人的作用同群体的力量结合起来。

强化训练

（1）古语说"修身齐家治国平天下"，"修身"被放在首位，说明个人修养在人的一生中占据非常重要的地位，反思自己的哪些行为缺乏修养，身边有哪些现象是不文明的。

（2）如果你是一家幼儿园的园长，看到一位实习生把她的男朋友带到了幼儿园，你会怎么想？

（3）请在下列案例中，任意选择一个进行情感体验。假如是你，你会怎么想？怎么办？

案例1：一天，一个同事告诉我：另一个同事在背后说我坏话，我感到很愤怒。

案例2：在工作中，每个人都有自己的想法，有自己的创意和设计意图，有人模仿照搬，我感到很懊恼。

案例3：配班老师对孩子没有耐心，孩子老被吓哭，我感到很尴尬。

（4）你认为下述案例说明了什么问题？

我毕业后到了一家私企幼儿园上班，因为优秀的表现，幼儿园的园长除了支付给我高薪外，还专门给我提供了"包住"的优越条件，特意给我提供了一间住房。当然，领导要求我对"包住"保守秘密，怕其他同事知道了影响工作情绪。后来，我打听到，其他幼儿园的试用员工都是不包住宿的，我听到这个消息，产生了优越感。"如果能让她们知道我的待遇，她们肯定会羡慕我"，这种虚荣心驱使我控制不住地向关系最要好的几个同事透露了底细。看着同事那大张的"O"型嘴，我感到极大地满足。但是，很快，这个消息就开始传遍整个幼儿园。后果，你可能已经猜出，领导不会因为我一个人得罪整个幼儿园的其他人，我只好从幼儿园辞职。

（5）知识修养的相关测试。

教师在课堂上不限知识领域的临场发问（列举五个问题如下），如果你能对答如流，那么就显示出你的不同寻常，这个时候请你观察一下同学们对你的感觉和评价吧，是否你已经赢得了他们的欣赏。

①《西游记》中的火焰山是今天的哪个地方？

②哪个国家被称为"郁金香之国"？

③世界三大宗教是什么？

④为什么人的拇指仅有两节？

⑤为什么比目鱼的眼睛长在了同一边？

⑥我们的国旗为什么有四颗小星一颗大星？而且还是四颗小星围着一颗大星？

⑦什么叫作"压岁钱"？

拓展延伸

一、不良情绪的排解方法

情绪管理是一门学问，也是一种艺术。作为教师，我们应提高自身的文化修养和情感素养，具备反省自身弱点的能力和控制自己情绪变化的能力。

排解不良情绪的方法有以下几种。

1. 倾诉

向家人或最信得过的朋友倾诉，一吐为快。把心中的不快、郁闷、愤怒、困惑等消极情绪，一股脑倒出来，会使你感到心理上轻松起来。

同事也是很好的倾诉对象，因为有相似的经历、相似的体验，更容易相互理解、相互鼓励、相互支持。如果有人告诉你自己的不良处境，请你用心倾听，即使不说什么也能帮助他人减轻不安。

如果郁闷、愤怒不便被人知晓，那么把自己的心情写下来也是一种很好的自我倾诉方法。

2. 转移

转移不良情绪，可以通过运动、听音乐、看电视、看书、逛街、吃零食等。

3. 深呼吸

当自己觉得情绪不对的时候，闭上眼睛，深吸气，然后把气慢慢放出来；再深吸气……如此持续几个循环，你会发现自己呼吸变得平稳，整个人也平静下来了！

4. 自我安慰

自己劝慰自己，自己宽慰自己。例"我已经尽力了！""这没什么不好的，锻炼自己的承受能力嘛！"等话语，进行自我安慰。

5. 自我激励，勇敢面对

世事不可能都依照自己的期望实现，忍受工作中不可预测的、不如意的事是必然存在的。我们要学着勇敢面对。等事情过去了，就觉得原来不过是件小事罢了。

（1）让我们一起来学习。

①当你面对他人的批评时，不要觉得自己受了委屈，反而要提醒自己"闻过则喜"。

②当你做错事时，不要内疚，要汲取"人无完人"和"吃一堑，长一智"。

③当你感到失败的时候，不要灰心，要相信"我会越来越好的"。

④当你和同事有矛盾时，不要伤心，要懂得"矛盾无时不有"。

⑤当有人误解你时，不要难过，要相信"沟通是消除误会的良药"。

⑥当有人对你不满时，不要生气，要自勉"走自己的路，每个人都是不同的"。

⑦当你对他人表现不满时，不要愤怒，要选择"得饶人处且饶人"。

（2）具体方法举例。

①多发现他人的优点。

②换位思考，多站在对方的角度想一想，理解他人的苦衷。

③耐心沟通，尽量使双方达成一致，消除误会。

④当家长不讲理时，就冷处理。

⑤当听到别人议论我的是非，我就告诉自己：人要经得起议论，如果真是我的错，会有人找我当面说。

⑥告诉自己，这是我的工作，这是我的责任。

⑦虽然我对公开课恐惧，但一想到这是让自己学习和锻炼的好时机，心里就舒服多啦！习惯了就好！

⑧每次写教案时虽然很头痛，但第二天的活动内容就了然于心了！

⑨孩子还小，不是故意的，原谅他吧。

二、礼多人不怪

中国有句俗话，叫作"礼多人不怪"。中国是礼仪之邦，几千年灿烂文明，培育出无数谦谦君子。同事之间相处，一定要注意彬彬有礼，不卑不亢。下面是日常交往的一些注意点。

1. 遇到领导、同事该如何打招呼

（1）上前打招呼。

（2）若距离远，不便呼叫，可注视之。目光相遇，则点头示意。

（3）声音要响，清脆利落。打招呼时嘟哝不清，会给人干劲不足、难当大任的印象。

（4）先走时，要说："对不起，我先走一步。"

（5）单位内，遇到警卫、门卫、清洁工或未见过面的人，都要招呼"早安"。

2. 上下楼梯、乘坐电梯时应该遵守的礼节

（1）与领导同行，斜后一两步。

（2）引导来客，起前一两步，侧身。

（3）楼梯上遇到领导，点头致意。如领导叫停，则宜低一两级听之。

（4）乘电梯，手按电梯外开门钮，让女士、领导、前辈先入，然后进入按钮旁，听人报几层楼，代按之。

（5）上厕所，切莫放声说长道短，以防"隔墙有耳"。

3. 迟到时的处理方法

（1）估计不能及时赶到工作地点，先打个电话报告。

（2）直接向领导报告，非不得已，不要托人转告。

（3）先致歉，再说明迟到多久。预计迟到的时间要宽松一些，以免再误。

4. 因故缺勤时的处理

（1）无论因什么事缺勤，都先报告。

（2）亲自打电话请假。除非因故无法打电话，才由家人代劳。

（3）事前预知的，先请准假。

（4）请大假以不影响自己负责的任务为原则。

（5）因请大假而增加同事的负担者，宜另择日期。

（6）休假期间，有关工作安排和联系事项，做好备忘录，以免遗忘。

5. 用餐时的礼仪

（1）用餐的举止，反映人的涵养，虽然不必太拘泥，但必须斯文大方、不快不慢。

（2）让女同事给你倒茶之类，乃粗鄙无礼之举。

（3）进食完，宜清理一下食具及周围，好让服务员收拾。

（4）在员工餐厅或快餐店等候，不说同事闲话。

职场性格测试题

沟通游戏——画图

参考文献

［1］赖华强，杨国强．教师口才艺术［M］．广州：暨南大学出版社，2007．

［2］何彦杰，阎浩然．普通话与口语表达教程［M］．石家庄：河北科学技术出版社，2004．

［3］孙海燕，刘伯奎．口才训练十五讲［M］．北京：北京大学出版社，2004．

［4］中国幼儿教师网：http://www.yejs.com.cn/HtmlLib/16830.htm．

［5］学习型中国网：http://www.v2099.com．

［6］李珉．普通话口语交际［M］．北京：高等教育出版社，2004．

［7］程在伦．讲演与口才（文秘专业）［M］．北京：高等教育出版社，2003．

［8］阿南．会说话，好办事：好口才让你成功零障碍［M］．北京：京华出版社，2005．

［9］李琳．中班幼儿故事创编和表演活动的特点及指导策略［J］．教育导刊，2004（7）：11-13．

［10］姚继斌．学前教育专业学生儿童故事技能训练策略［J］．齐齐哈尔高等师范专科学校学报，2009（1）：136-137．

［11］曾长英．如何在故事教学中发挥幼儿的创造性［J］．教育导刊，2002（7）．

［12］徐书芳，王瑞华．语言表达［M］．北京：北京师范大学出版社，2001．

［13］朱志贤．儿童心理学［M］．北京：人民教育出版社，1998．

［14］李宇明．儿童语言的发展［M］．武汉：华中师范大学出版社，1995．

［15］霍力岩．论促进幼儿的主动发展［J］．学前教育研究，2001（1）．

［16］方明．根深才能叶茂［M］．北京：北京师范大学出版社，2000．

［17］孙云晓．习惯决定孩子命运［M］．广州：新世纪出版社，2005．

［18］中国教育部基础教育司．幼儿园教育指导纲要（试行）解读［M］．南京：江苏教育出版社，2002．

［19］华爱华．幼儿游戏理论［M］．上海：上海教育出版社，1998．

［20］陈帼眉．学前心理学［M］．北京：人民教育出版社，1999．

［21］刘焱．幼儿园游戏教学论［M］．北京：中国社会出版社，1999．

［22］Joe Frost，江丽莉等译．儿童游戏与游戏环境［M］．台北：五南图书出版公司，1998．

［23］王化敏．给幼儿教师的一把钥匙［M］．北京：教育科学出版社，2008．

［24］苏琳．沟通艺术［M］．北京：机械工业出版社，2008．

［25］许榕，盛天和，方有林．为学生"自主发展"搭建舞台［J］．上海教育科研杂志，2003（11）．

［26］赵威．浅谈幼儿教师的语言技能［J］．辽宁教育行政学院学报，2008（2）．

［27］杨海英．幼儿行为习惯的养成［J］.成才之路杂志，2008（5）.

［28］王雯波．幼儿行为习惯养成教育的实践研究［J］.宁波教育学院学报，2008（5）.

［29］沈国香．幼儿教师使用教学语言时应注意的几个问题［J］.学前教育研究，2004（6）.

［30］幼儿园软件网：http://www.lsrkj.com.

［31］王艳云．请你和我做游戏 0 ～ 6 岁幼儿游戏发展历程［J］.家庭教育（婴幼儿家长）2004（9）.

［32］白鹿书院：http://www.oklink.net/swzw/zA.wen/chushijing/csj02.html.

［33］苑望．幼儿教师口语 [M]．北京：高等教育出版社，2009.

［34］楼必生，赵寄石．语言教学法 [M]．北京：人民教育出版社，2009.

［35］张胜勇．早期阅读与识字（教师用书）[M]．南京：凤凰出版传媒集团，江苏教育出版社，2007.

［36］王素珍．幼儿教师口语训练教程 [M]．上海：复旦大学出版社，2006.

［37］周兢．幼儿园语言教育活动指导 [M]．北京：人民教育出版社，2008.